歴史が語る　恋の嵐

中野京子

角川文庫
15572

平凡な人間の一生で、大事なのは愛と死だけ、といわれる。

でもそれは、非凡な女性、偉大な女性、運命によってはからずも歴史に名をとどめることになった女性たちにとっても、同じではないだろうか。

誰にもひとしなみにおとずれる死は別として、愛はまるで奇跡のように人を選んで舞いおりてくる。その愛にふいにからめとられた瞬間、世界はあやしく謎めき、人は自分を試される。どんな恋をし、どんな愛をとりこぼし、どんな恋に泣き、どんな愛を貫いたかによって、人生はいくらでも変わってゆく。変わらずにおれない。愛はエネルギーそのものだから。

——歴史に残る女性たちの、十代から六十代にわたるさまざまな恋の形がここにある。

目次

歴史が語る　恋の嵐

恋する者たちに誰が掟《おきて》を課せよう？　愛それ自体が掟だというのに。（ボエティウス*）

14歳

大納言《だいなごん》久我雅忠の女《むすめ》二条

（『とはずがたり』作者。一二五八〜一三一〇）

「百《もも》の媚《こび》あり」とコケティッシュな魅力を讃《たた》えられた美少女は、やがていくつもの奔放な恋の体験を『とはずがたり』で赤裸々に告白することになる。

七百年もむかしの鎌倉時代にもう、現代の私小説と変わりない、あけすけで過激な日記文学が書かれていたという事実に、まずは驚かされる。書き手が高位貴族の女性であり、相手もまた上皇や高僧など、やんごとない身分の男性ばかりのため、作品は長く宮廷に秘匿されてきた。日の目を見たのは、何といっても作品自体の放つ強いオーラが、外へもれ出ずにおられなかったからだ。

――二条*の波瀾《はらん》の人生は、十四の新春に始まる。まさか自分が政治の駒として動かされようとしているなど想像もしていなかった彼女は、このとき幸せのただなかにいた。御所での正月の儀が終わった夕刻、あこがれの雪の曙《あけぼの》こと西園寺実兼から、恋歌とすばらしい着物の贈りものが届いたのだ。さっそく袖《そで》をとおし、歌を返して、おさない初恋に胸ときめかせているその同じころ、大納言職にいる父親は上皇の後深草院《*ごふかくさ》に、いよいよ娘を後宮にあげるという密約をしていた。

二条より十五も年上の後深草院は、どうやら光源氏をきどっていたらしい。彼はかつて二条の母（彼女を産んでまもなく亡くなった）を、初めての夜伽《よとぎ》相手として愛し、その娘をもいずれ自分のものにしようと思いさだめ、そのため彼女を四歳のときから御所に召し、源氏が若紫を自分好みに育てあげたように、だいじに手もとに置いておいた。そんな事情を知らない少女にとっては、むごい話である。ずっと身近に接してきていただけに、彼女は院を異性と意識していなかった。

新年の儀の翌日、院はやってくる。突然の同衾《どうきん》を命じられた二条は、ショックと恐怖から、どうしても受けいれることができない。ただ泣きじゃくる彼女に院は、「おまえが大きくなるのを、長いあいだ待ち暮らしていたのに」と、かきくどく。それでも一言も返事をしなかったので、とうとうこの日はそのまま帰って行った。だが次の夜、院はまたあらわれ、こんどはむりやり意に従わせられてしまう。もとより、いつまでも抵抗できるわけもなかった。

院は毎晩かよってくる。父親は、「これほどの愛寵《あいちょう》を受けるのはもったいなくもありがたいことだ」と言うが、かたときも雪の曙のことを忘れられない二条には、苦痛なばかり。院の正妃東二条院に憎まれ、いやがらせをされるのもやりきれない。こうして一年半たつころ、懐妊の兆しがあらわれた。するとまるで入れかわりのように、父が死病にふせる。

臨終の床で父は、「夫婦の契りは前世からの縁なので、いかんともしがたい。あきらめるのだよ」と彼女をさとす。出世のためとはいえ、院のお手付きを妻にもらい受け、今また、いやがる娘をも院にさしだした父親の心情は、複雑だったのかもしれない。さらに彼は、まるで娘の未来を見とおしたように、「我が家門に、好色の汚名を塗るまねだけはしてくれるな」と言い残す。

皮肉にも、だがその父の葬儀で、二条は雪の曙に再会するのである。思いを残したまま引き裂かれていた恋人たちの、心の震えはいかばかりだったか。かつてはあれほど近かったふたりの間には、いまや後深草院という巨大な壁が立ちはだかり、院の子をやどした二条は、身分的にも肉体的にも、雪の曙の手のとどかない遠くへきてしまっている。

でも心は?

心は変わっていない。むかしの無垢《むく》のまま、たがいを求めあっている。目を見かわしたとたん、ふたりはそのことに気づいた。喪中で御所を離れているのを幸い、彼らはしみじみ一夜を語りあかす。そしてこの一夜が決定的だった。再びの、しかも以前よりなお強い恋の炎を前に、院の威光も父の遺言もなんの力があろうか。

『とはずがたり』のここの場面は、痛いほど焦がれる気持ちが伝わってきて切ない。雪の曙はじめ、妊娠六ヶ月という身重の二条を思いやり、「そのようなお身体ですから、決してふらちなことはいたしません」と約束して、寝所へ入ってくる。しかし寄りそい、愛撫《あいぶ》しあううち、おさえはきかなくなってゆく。彼女にしても、どんなに待ちのぞんだ瞬間だったか。愛する相手に屈する瞬間にこそ、女の幸せは凝縮されるのだから……。

翌朝は、未練を残すのが怖くて、見送りにも出ず、床の中で忍び泣いていた。いったん満たされるということを知ったからには、これからの生活は耐えがたいものになるだろう。雪の曙はすぐ歌を送ってきた。

かへるさは涙にくれて有明の月さへつらききしののめの空

あなたのところから帰る道みち、涙にくれてしまい、明け方の空に月が見えるのさえ辛《つら》かった、と。二条も返歌して、

かへるさの袂《たもと》はしらず面影は袖の涙にありあけの空

帰りみちのあなたの袂のことはわかりませんが、わたしの袖の袂には、あなたの面影がやどって涙にくれています。

二条には、院を裏切った、院に悪いという思いは全くない。ばれては困ると心配なだけだ。それは責められまい。後宮入りは、彼女の希望ではなく、父の政略だった。院にしたところで、今でこそ彼女を大切にしているけれど、正妃をはじめとして他におおぜい女たちがいるし、これからも当然できるだろう。そうかといって、雪の曙と夫婦になれるあてもない。若い恋人たちは、口実をつくっては乳母《めのと》の家で逢瀬《おうせ》をかさねるという、危うい綱わたりをするしかなかった。

翌年、彼女は皇子を出産する。安産だった。その十ヶ月後、またもや身ごもる。院が写経のため精進中だったので、まちがいなく雪の曙の子だ。この懐妊のとき、不思議なことに、不倫のふたりはまったく同じ夢を見る――「雪の曙が、うるし塗りの扇子の上に、銀の壺《つぼ》を載せてさしだす。二条は人に見られないよう、そっとそれをふところへかくす」。夢占いはあなどれない。しかもこれはまた、*フロイトの夢分析にとりあげられるお手本のような夢である。扇子は男性の、壺は女性のシンボルで、両方がいっしょになる、つまり性的結合をあらわし、それを女の方がふところへ人目を避けてかくすのだから、まぎれもなく〈のぞまぬ妊娠〉そのもの。二条も雪の曙も漠然と予感はしたらしく、しばらくしてつわりの徴候がみえたとき、すぐこの夢を思い出している。

いずれにせよ、容易ならざる事態だった。あわてた彼らは、院を欺きとおすしかない、と腹をくくる。二条は懐妊日をごまかして伝え、院との間の子と信じこませる。直後に、流産したと称して御所から一時的に宿さがりし、誰にも手伝ってもらわず出産した。生まれた女児は、雪の曙がただちにどこかへ里子に出した。

一ヶ月後、彼女の罪をあがなうかのごとく、先に生まれた皇子が、一歳半の短い命を終える。二条はいっきょにふたりの子を失ってしまった。

これだけのことが起こり、しかもなおまだ彼女は十七歳なのだ。

『とはずがたり』の徹底したリアリズム描写からあきらかなように、もともと二条は生命力あふれる現実主義者で、そこが最大の強みだ。最高位の相手から寵愛を受けても恋をあきらめきれないという〈トリスタンとイゾルデ〉状態をつづけ、院にも何度か疑われ、そのうえ不倫の子まで成す絶体絶命におちいりながら、一瞬たりと死を考えない。愛の絶頂のうちに果てたいと願うイゾルデ的ロマンは、もっとも彼女から遠いところにある。

だからか。この先また彼女は、高僧ら数人の男性と新たな恋をし、子どもも産むが、院とも雪の曙とも完全に関係が切れることはなかった。それこそが、彼女の魅力の証《あかし》にちがいない。

恋はギターと歌ではじまり、苦しみと涙で終わる。（イタリアの諺《ことわざ》）

15歳

アルテミジア・ジェンティレスキ

（画家。一五九三〜一六五二？）

十七世紀初頭のローマで、娘をレイプされた父親が相手の男を訴えた。男が罪を認め、彼女を妻にしてくれると期待してのことと世間は思った。乙女を辱しめたばあいの〈償いの結婚〉が、まだ有効な時代であった。スキャンダラスなこの裁判は数ヶ月にわたって続く。

原告オラツィオ・ジェンティレスキ*も被告アゴスティーノ・タッシも、名の知れた画家であり、十五のときから何度も陵辱されたという当の娘アルテミジア・ジェンティレスキ*もまた、父の片腕として傑出した才能がみとめられていた。市民の耳目をそばだてるにじゅうぶんの、登場人物たちといえよう。

証言台に立ったアルテミジアは、このとき十八歳。きりりとした眉《まゆ》と戦闘的な瞳《ひとみ》の彼女は、いならぶ人々の好奇の視線にもひるまず、三年前のできごと——どんなふうに処女を奪われたか——を、事こまかに証言した。

曰《いわ》く、タッシは父の共同制作者なので、まえから知っていた。絵を教えてもらうようになってしばらくたったころ、散歩に誘われた。「疲れて熱がある」と断ったのに、「自分の方がもっと熱がある」と強引につれだされ、あげく私室へ引き入れられ、激しく抵抗したにもかかわらず、「ベッドへ押し倒され、口にハンカチをつめこまれて」レイプされてしまった。腹がたってそのあと、ナイフでタッシの胸を、「少し血が出るくらい」切りつけた。でも彼が「今のこの迷路から抜け出せたら、必ずおまえと結婚する」と約束したので、恋人になるのを承知した……。

当時の裁判官ならずとも、「おや?」と思うのでは。タッシには妻がいたため、「迷路」という表現が使われている。これでは、不倫関係を結んだ男が三年たっても約束を守らないので訴えた、と疑われてもしかたがない。「もっと熱がある」という言葉にも、ふたりの間にすでに甘やかなものが漂っていたことをうかがわせる。

事実、最初の引き金がどうあれ、それ以来アルテミジアがタッシに夢中になったのはまちがいない。父親の目を盗み(母はもう亡くなっていた)、しばしばタッシのもとへ通っていたと、付き添いの侍女が証言したし、他にも、タッシとアルテミジアが仲良くいっしょにいるところを、おおぜいが見ていた。ハンサムで、〈陽気なプレイボーイ〉とあだなされていたタッシは、だがまもなく彼女に飽きたのだろう。

官能だけの結びつきの弱点は、常にここにある。男は、持って生まれたその性情から、たいてい先に飽きてしまう。たとえまだ愛していても、それでも飽きることさえある。女は逆に、もう愛がなくなっても、なじんだ相手と離れるのを嫌がる。この深い溝に、憎悪や怒りが入りこむ。

覚悟していたはずだが、裁判はアルテミジアにとってたいへんな試練となった。タッシが、「最初から合意の上だし、彼女はすでに経験済みだった」と、うそぶいたので、アルテミジアの処女性が疑われ、産婆たちから検査されるはめになる（今さら何がわかるというのか？）。さらには手の指の間に紐《ひも》をまきつけて締めあげる、〈シビラ〉と呼ぶ拷問も（被害者なのに）加えられた。裁判調書によれば、この拷問の場にはタッシも同席させられていた。痛めつけられるかつての恋人を見て、彼が何を思ったかはわからない。ただアルテミジアの怒りがまっすぐこの男に向かっていたのは確かだ。証言がほんとうかという問いに、悲鳴にも似たくりかえしを三度、「ほんとうです！　ほんとうです！　ほんとうです！」

彼女はもはや裁判官など眼中になかった。激しい苦痛の中で、さらにこう叫んでいる、「じゃあこれがあなたの婚約指輪なのね。あなたがわたしに約束したのは、これだったのね！」

手練手管に長《た》けた男との恋のはじめは、どんなにか心華やぐものだったろう。やがて知る相手の本性。そして、ことの終わり……。

だがたとえ無残でも、終わるなら徹底的な終わりにしたい。裏切った男を破滅させてやりたい。でなければアルテミジアの怒りはおさまらない。

その怒りがもっともだということは、やがて裁判が展開するうち明らかになってゆく。タッシの悪党ぶりが次々あばかれた。彼はローマへ出てくる以前の犯罪ですでに一度投獄されていたし、あやうくガレー船漕《こ》ぎの刑罰を科されそうになったこともある。また、妻は愛人と逃げて行方不明と言い張っていたが、どうやら彼が人を雇って殺させたらしい(これは立証されなかったが)。アルテミジア裁判の前年には、義妹(十四歳)に対する近親相姦《そうかん》罪でも訴えられている。

そんなこんなで、とうとうタッシは有罪を認め、刑に服した。ジェンティレスキ父娘《おやこ》は勝った。しかしこの勝利は短く、にがい。タッシは半年たらずで出所し、平気で仕事を続け、奇妙にもアルテミジアの父と和解している。後年また二度ほど被告席に座りもした。

そのうちの一回は、娼婦《しょうふ》をなぐって金品を強奪したという、かなり情けないものである。タッシが得意とした絵画技法は、目の錯覚を利用したトロンプ・ルイユという〈だまし絵〉だったが、まさに彼という人間そのものをあらわしてはいまいか。

一方のアルテミジアは裁判の直後、別の男性とそそくさと結婚し、逃れるようにフィレンツェへ移った（女の子をひとり産んだあと、離婚）。タッシと再会することはなかったし、父親とも長い間、絶縁した。そのまま彼女が恋の痛手に沈んでしまえば、西洋美術史における初の女性天才画家の誕生はなかっただろう。

後世、バロック（〈ゆがんだ真珠〉の意）と呼ばれるようになる、この破天荒で演劇的な時代が幸いした。タッシや、人を殺したカラヴァッジョ*が許されたように、アルテミジアの不名誉な裁判沙汰《ざた》も、彼女の絵をほしがるパトロンたちには何の影響も及ぼさなかった。

いや、むしろ事件は良い方へ作用したといえるかもしれない。依頼主はおもしろがって、若い才能ある女性のスキャンダルごと「買った」のではないか。少しの外れは非難するが、思いきり外れればかえってもてはやす、という意味では、バロックは現代に通じる。アルテミジアのプライヴァシーは、光と影の対比もあざやかなその劇的絵画に、魅力を加味するものとみなされたのだろう。

貴族や教会からの依頼はひきもきらず続いた。女には神話や宗教画などの大作は描けない、という通説を軽々とくつがえし、彼女は男と同じ土俵で活躍した。フィレンツェの美術アカデミー会員にもなり、タッシなどはるかに凌駕《りょうが》する名声も得た。アルテミジアの真の勝利は、こうして画業において達成されたのである。

若き日の恋の傷あとは、だが作品には刻まれた。たとえば初期の『スザンナと長老』に見られる、スザンナの激しい嫌悪の表情。これは男性画家たちによる多くの同名作品と、全く異なっている。聖書のこのテーマ(入浴中のスザンナを、好色な長老たちがのぞき見る)は、ふつう女性の美しい裸体を描く口実として利用されており、そのためスザンナは裸を見られている(長老たちからも、さらには絵の鑑賞者たちからも)のに気づかず、無防備な姿態で、涼しい顔をしている。ところがアルテミジアのスザンナは、なまなましい肉体をよじり、心底、男たちの目を嫌がっている。まるでタッシに関係を迫られた、かつての自分自身のように。あるいは裁判官たちの容赦ない視姦に耐える、かつての自分自身のように。

『ホロフェルネスの首を切るユーディト』もそうだ。ユダヤの未亡人ユーディトが、女の魅力を武器に敵将ホロフェルネスに近づいて一夜を過ごし、寝込みを襲って、その首を切り落とし、ついに祖国を救うという主題は、ボッティチェリ、ルーベンス、カラヴァッジョなど多くの画家がくりかえし描いてきた。いずれも不本意に殺人を犯す、たおやかな美女ばかりだった。首と自分の間には、何の関わりもないというふうに。

そこへいくと、アルテミジアのユーディトはすごい。ロウソクのわずかな光のなかで、現在進行形でおこなわれる凄惨《せいさん》な殺人。ユーディトはたくましい二の腕をむきだし、左手でホロフェルネスの髪の毛をわしづかみにして、血しぶきを浴びながら、右手にもった剣で彼の首の骨をごりごり削っている。そしてホロフェルネスの断末魔の、なんたる形相。目をそむけたくなるほどだが、この顔はもしかするとタッシの顔だったのでは……。

あまりになまなましい殺人シーンのため、絵の注文主が壁に飾るのをためらったと言われている

この世に生を受ける。それは居ごこち悪い環境に身をおくこと。だからこそロマンスも生まれる。（チェスタートン*）

18歳

マリー・キュリー

（科学者。一八六七〜一九三四）

ヴィクトリア朝時代のガヴァネス（住みこみの女性家庭教師）を描いた『かわいそうな先生』という絵画（リチャード・レッドグレイヴ作）がある。この職業につかざるを得なかった若い女性の孤独、つらい境遇が、見る者の胸をえぐる作品だ。

質素ななりをした若いガヴァネスが、部屋の片すみの机にひじをあずけ、じっと物思いにふけっている。手には黒枠の手紙。故郷で誰かが亡くなった知らせだ。しかし休みはとれず、旅費もないのであろう。ピアノの上には『ホーム・スイート・ホーム』の楽譜が広げられ、彼女の郷愁を暗示する。一方、あけはなった明るいベランダでは、裕福な雇い主の娘たちが着飾ってたわむれている。何という明暗の差。生家が没落さえしなければ、彼女だって自分の教え子たちと同じ陽のあたる場所にいられたのに……。

――ガヴァネスの立場は微妙だった。しかるべき家庭の子女を教育するからには、きちんとした学歴と礼儀作法を身につけていることが必須《ひっす》条件だ。つまり、雇い主と同程度の階級出身でなければならない。にもかかわらずこの時代、有給で働く女性はレディと見なされていないのだ。レディたちを躾《しつ》ける自分はレディではない、という矛盾が、彼女たちの自尊心をひどく傷つける。おまけに給金はかなり低く、住みこみなので自由も制限され、裁縫など、契約外の仕事をさせられることもしばしばだった。

持参金なしの貧しい〈かわいそうな先生〉が、ふさわしい相手と結婚できる可能性はきわめて低い。『ジェーン・エア』*（シャーロット・ブロンテ作）のヒロインが雇い主の妻になれたのは、小説のなかの、いわば夢物語である。それでもガヴァネスたちは、結婚によるステップアップを夢みずにはおれなかった。まだ女性のための知的な職場が開拓されていない以上、他にどんな道があろう。そしてそのことは、雇い主側も先刻承知だった。美しいガヴァネスが敬遠されがちなのは、そのせいだ。誰も家庭に波風をたてたくはない。夫や年頃の息子が誘惑されては困る。いくら家政婦とは一線を画すとはいえ、しょせんガヴァネスも使用人、しかも子女が成人して教育期間が過ぎればお払い箱の、パートタイマーにすぎない。

こうしたガヴァネス事情は、イギリスばかりでなく、帝政ロシアの支配下にあえぐポーランドでも、似たようなものだった。一八八六年、ワルシャワから遠くはなれた田舎町で砂糖工場を経営する地主ゾラフスキー氏が、ふたりの娘のためにガヴァネスを雇ったとき、まさかだいじな長男が彼女と結婚したいと言いだすようになるなど、考えもしなかった。いや、それどころか、「家庭教師の分際で」と見下げたその相手が、将来女性初のノーベル物理学賞を、さらにはノーベル化学賞までも連続受賞するとは、全く想像の外であったにちがいない。しかし彼の雇った十八歳のマリア・スクロドフスカ——後のマリー・キュリー*——は、空前絶後の例であった。

マリアがこの厳しい仕事についたのは、御多分にもれず、経済的逼迫《ひっぱく》ゆえだ。理科教師だった父親が反ロシアとみなされ学校を馘《くび》になったので、秀才ぞろいの四人きょうだい(兄ひとり姉ふたり)は、何としても自活の道をさぐる必要があった。

末子マリアは官立女子高校を首席で卒業すると、若いけなげさで、一大決心をする。母親が亡くなっていらい、ずっと世話してくれた長姉ブローニャを、パリのソルボンヌ大学へ留学させるため(当時ポーランド国内では、女性は大学へ行けなかった)、給料の半分を送金して支えることにしたのだ。いずれ姉が大学を出て医者になったあかつきには、今度は自分が援助してもらえるだろう。

こうしてガヴァネスになったものの、現実の厳しさは予想をはるかに上まわった。教え子たちはなついてくれたし、ゾラフスキー夫妻は親切だが、年五百ルーブルの給金の半分を仕送りすると、衣類はおろか切手すら買えないこともあった。何より一日七時間労働では、自分の勉強の暇がない。まわりに学問的刺激もないし、化学の実験など論外である。いかに努力家のマリアとはいえ、月日のたつうち焦りの色を濃くしてゆく。永久にこの「田舎という穴」から抜けだせないのではないかと絶望的になる。

そんな八方塞《ふさ》がりを打破してくれそうなのが、恋愛だった。ゾラフスキー家の長男で大学生のカジミールが、クリスマス休暇で帰郷するや、若いふたりはたちまち恋におちいった。青年はぼんぼん気質でやさしくハンサムだし、マリアは魅力的だった。そう、スクロドフスカ家の三姉妹は、才色兼備で知られていた。マリアがおもしろみのないガリ勉だというのはとんでもない誤解で、ダンスとスケートの上手な、健康でよく笑うきれいな娘で、異性に対して独特の磁力もそなえていた。

ふたりは結婚を約束する。カジミールは、とうぜん許されるものと信じた。両親がマリアに敬意をはらい、家族どうように扱っているのを見ていたからだが、しかしそれはまやかしだった。ガヴァネスはしょせんガヴァネスでしかない。息子の嫁になる資格ありとは認められない。父親は怒りだし、母親は気絶せんばかりになる。気の弱いカジミールは、

才色兼備のマリア・スクロドフスカ

それ以上はもう強く言えなかった。あとで彼からこの顛末《てんまつ》を聞かされた〈かわいそうな先生〉マリアのみじめさは、どれほどだったろう。彼女の今の立場では、侮辱されたと腹をたてるわけにも辞めるわけにもいかない。ただ仲良しのいとこへ、こう書くだけだ。「将来の計画なんてありません。今のこの境遇から抜けだすため、できるかぎりのことをするだけです。それができなければ、この世にさよならするほかないでしょう」。

いっときは自殺まで考えたマリアだが、歯をくいしばり、まるで何ごともなかったかのように、これまでどおり仕事を続けた。切ないのは、まだカジミールを愛していること、まだ彼との結婚をあきらめきれないことだ。休暇のたびに帰ってくる彼の方も、愛しているとは言ってくれる。親の反対を押しきってまで愛を貫く気迫は感じられないにせよ。

この家にはさらに一年半近く勤めた。夫妻は前と変わらず表面的には親切だったが、あきらかにマリアに対して警戒心を強めていた。よその家で食べさせてもらわなければならない一文無しの娘が、金めあてで息子をねらっている——心の中でそう考えているらしい。だから契約が終わり、別の仕事先へ行くことになったとき、マリアは悲しみと喜びを同時に感じた。

けっきょくマリアのガヴァネス生活は、通算六年にもわたるのだが、実は五年目に、姉のブローニャが約束を果たし、彼女をパリへ呼んでくれていた。なのにマリアは断った。

「わたしには運がないのです。今もそうだし、これからもそうでしょう。以前はパリにあこがれていましたが、もうずいぶん前からその夢は消えてしまいました」

長すぎた忍従生活と、長すぎた春が、マリアを臆病《おくびょう》にしていた。なにより、カジミールと別れたくなかった。ふたりの間はまだ続いており、彼女は煮えきらない彼がいつかは決断してくれると、信じたかった。ここまできてもなお彼に執着していた。待ち続け、さらに一年待って、二十四歳を目前にしたときマリアは、決断すべきは自分の方だと気づく。彼を誘って泊まりがけの山歩きに出かけ、今度こそ最後の問いかけをしてみる。返事はやはり、はかばかしいものではなかった。カジミールのやさしさと見えていたものは、ただの優柔不断にすぎなかった。

「行きます」

マリアはついにパリの姉に手紙を書いた。

パリには、未来の夫ピエール・キュリー*と、いまだ誰も手にしたことのない輝ける名声が待ちかまえているのだが、そうと知らない彼女は、失意と不安で小さな胸をいっぱいにして、息苦しい四等列車に揺られてゆくのである。人生というのはおもしろいものだ。本人にはドン底としか思えないこの瞬間が、科学史の偉大な一ページ目だった。

もしカジミールが男らしく両親を説得し、マリアを妻にしていれば、マリー・キュリーという大科学者はこの世になく、世界がラジウムを手に入れるのも、もっとずっと先のことになっただろう。世界のため人類のために役立ちたい、幼いころからのそういう彼女の使命感も、ごくせまい範囲にかぎられて終わっただろう。

失恋というのも、まんざら悪いばかりでもない。

女がほんとうに困るのは、今も昔も、男が作った理論に自分を合わせなければならないことだ。（*D・H・ロレンス）

18歳

ヴィルヘルミーネ・フォン・ツェンゲ

（一七八一〜一八五二）

*ヴィルヘルミーネ・フォン・ツェンゲはプロイセンの陸軍少将の長女として、オーデル河畔フランクフルト（旧東ドイツにある町）に生まれた。

当時のドイツはヨーロッパの田舎国であり、フランスのような華やかな宮廷もなく、貴族の娘といえども日々の暮らしは地味で退屈だった。きまじめなヴィルヘルミーネは、婦女の守るべき三つのK（キンダー＝子ども、キルヒェ＝教会、キュッヒェ＝台所）をそのまま信じて適齢期をむかえた。地位と財産のある相手を見つけて結婚すること——平凡な女性にふさわしく、ヴィルヘルミーネの夢もそれに尽きた。

とはいえ交際範囲は限られている。ツェンゲ姉妹を訪れる若い男性は、同じ軍人階級がほとんどだ。なかでも連日のようにやってきて、家族同然のあつかいを受けていたのが、隣人のクライスト家の次男レーオポルトだった。陽気で気さくな彼の来訪は、彼女たちの単調な生活を楽しく活気づけた。

ヴィルヘルミーネ十八歳のとき、このレーオポルトがはじめて自分の兄ハインリヒをつれてくる。彼女はあきれてしまう。同じ兄弟でこれほど違うなんて……。

二十二歳のハインリヒは、印象のうすい容姿、見るからに陰気。口下手で放心癖があり、座をしらけさせ、かと思えば急にひとり熱してしゃべりだし、ひどく吃《ども》った。おまけに妙な自信家で、大文豪のゲーテ*に対抗意識を燃やし、「あいつの額《ひたい》から月桂冠を奪ってやる」と言いだす。要するに、人好きしないタイプだ。ポツダム近衛《このえ》連隊少尉だったが、直属の上官と喧嘩《けんか》して軍籍を抜けたらしい。さもありなん。ただし本人は、学業に励みたかったからと称しており、大学入学資格も取ったばかりという。

やがて彼も——弟ほど歓迎されたわけではないが——ツェンゲ家に日参し、得意のフリュートやクラリネットを演奏したりして、それなりに溶けこみはじめる。ヴィルヘルミーネ姉妹や近隣の若者を数人あつめて、私的な勉強会をひらき、大学での講義をかみくだいて教えてくれるようにもなった。哲学、物理学、美術など多岐にわたり、宿題を出しては添削するなど、きわめて熱心な教えぶりだった。口先だけでなく、実際に並はずれた文才の持ち主であることも示した。

ある日ヴィルヘルミーネは、いつもの宿題と思って受けとった手紙が恋文だと気づく。愛している、妻にしたい、と書いてあった。驚くより怖《お》じ気《け》づいてしまった。ハインリヒのことは、先生としか思っていない。というより、異性として少しも魅力を感じていなかった。自分が不美人で内気なためか、同質の相手には惹《ひ》かれない。翌日すぐ返事を書いた、「あなた様を愛してはおりません。結婚したいとも思いません。でも良き友人として、いつまでもかけがえのない人であってください」。

これほど率直に断ったのに、意外や、ハインリヒはしつこかった。二通目の手紙をわたそうとする。拒むと散歩のあとをつけまわし、妹に仲介をたのみ、果ては涙まで流すではないか。一週間後、ついにヴィルヘルミーネは根負けして、手紙を受けとった。なんとそこには愛を乞《こ》う言葉はなく、自信たっぷりの強引さがあふれていた。曰《いわ》く、この私にいったい何の不満があるのか、私によってのみ、あなたはなるべく女性になれるのに、と。

生まれてはじめて男性から愛をうちあけられた、引っ込みじあんの田舎娘に、こうした勝手な文句のひとつひとつは脅しのごとく響いた。彼女は混乱する頭で考える、ハインリヒのように頭脳明晰《めいせき》な青年の言うことが、まちがっているなんてことがあるだろうか。どこが不満かと問われれば答えようもない、彼のように将来ある青年が、自分のようにつま

右端がヴィルヘルミーネ。中央はその妹

らない女を愛してくれているのだ、この愛を失えば、自分は何の値打ちもない人間で終わるだろう、けれどももし愛を受けいれて彼の妻になれば、理想の女性に生まれ変われるかもしれない……。

二人の関係はまたたくまに逆転する。愛を求めていた方が威張り、愛を与えるはずの者が畏《かしこ》まる。以前ハインリヒに対して感じたあきたらなさは、曖昧《あいまい》になってゆく。白馬の王子とははるかにかけはなれた男性だったはずなのに、彼の自信と強気を前にするとその理想像の輪郭すらぼやけてしまう。内気な乙女の最初の恋の典型か、ヴィルヘルミーネもまた、求めるのではなく求められることによって、恋に酔った。男の側からは、これはまたなんと支配しやすい相手なのだろう。そうであればこそ選ばれたのか。

大学を出て官吏になったあかつきに、ということで、ふたりの婚約はととのう。楽しかるべきこの時期、彼女は「ヴィルヘルミーネのための思考力訓練問題、および解答例」と題した数多くの恋文（！）をもらい、二十以上の設問（「この世で完全なものを実現すべく努力すべきか、それとも現にあるものを完全ならしめるのとどちらがよいか？」「尊敬に値するというだけでは、魅力的な妻とはいえない。では何によって妻は夫の関心を得、かつ維持できるのか？」などなど）に、必死で答えなければならなかった。もっとふつうの愛の手紙をかわしたい彼女が、「今日の新しいドレスをほめていただきたかったのに」とひかえ目に甘えると、「大切なのは外見ではなく心の美しさです」と叱責《しっせき》が返ってきた。

それでもまだこのあたりまでは、夜の四阿《あずまや》での熱いキスもあり、幸せといえばいえた。婚約して半年足らずで、だがハインリヒは、「理由は聞かないでほしい」とひとり旅に出てしまう。ドイツ中を転々としているのは、届いたおびただしい手紙の発信地からわかったし、未来の花嫁への愛はうすれていない証拠として、自分の肖像を彫ったメダルも送ってきた。ただし代金は、「とりあえずそちらで払ってほしい」という。ずいぶんお金に困っているらしく、その後も何度か送金してやらねばならなかった。

しだいに手紙の文面から、明るさと自信が消えてゆく。ヴィルヘルミーネはただ途方にくれるだけだ。自分を導いてくれるはずの恋人が、カント*を読んで人生観が激変しただの、大学の勉強はくだらないだの、役人にはなりたくないなどと書いてくる。どうしていいか全くわからない。そしてついに、恐れていた手紙が届く。スイスで百姓をすることにしたから、すぐ来い、昼は戸外で働き、夜は詩作して暮らすので、そばで支えるように、というのだ。彼好みの理想の妻になるべく努力してきたヴィルヘルミーネだが、さすがにそれは不可能なので、できるだけおだやかに抵抗してみる、長く陽にあたっていると頭痛のする弱い身体ですから、肉体労働はとても無理です、と。

「誤答」であった。

「たとえ辛《つら》くとも、こんなばあい女は、聖書の〈汝《なんじ》は父母を去り、汝の夫につくべし〉の賢い教えに従うものだ」との怒りの手紙を最後に、ハインリヒの行方はわからなくなってしまう。さらに半年がたち、彼がほんとうにスイスで暮らしているのを知ったヴィルヘルミーネは、もう一度心をこめた手紙を書く、どうにかしてやり直すことはできないでしょうか。返事は、「君たち女には名誉の何たるかがわかっていない。二度と手紙はくれるな。私には早く死にたいという望みしかない」というものだった。

一年半の恋愛は終わった。ヴィルヘルミーネにとっては、ハインリヒのまきおこす突風に翻弄《ほんろう》されるだけの短い恋だった。しばらくして彼女は親の言いつけに従い、大学教授と結婚する。おだやかな静かな、かつて夢みたとおりの夫婦生活だった。ときおり元婚約者

＊ハインリヒ・フォン・クライストの噂を耳にした。良い噂も悪い噂もあった。次から次へ戯曲を発表し、ゲーテの演出で作品もワイマールで上演されたが、失敗。反＊ナポレオンの論陣を張り、時事新聞や文芸雑誌を発刊するが、破産。戦争でスイスを去り、またもや放浪していて、フランス軍にスパイとまちがえられ、数ヶ月間投獄。

あいかわらずおちつかない人生を送っているらしい。そしてじわじわ知名度をあげていた。少なからぬ人々が、彼を文学史に残る劇作家と認め、『こわれ甕《がめ》』『ペンテジレーア』『公子ホンブルク』に傑作の折り紙をつけていた。

婚約のことを知っている夫は、クライストが恋の詩を発表するたび、「また君のことが書いてあるよ」とからかった。友人たちは、「ご主人はクライストに嫉妬《しっと》しないの？」と聞いてきた。ヴィルヘルミーネの胸に、ほのかな誇らしさのともる瞬間、平凡なだけではないと、自分の人生を肯定できる瞬間が、それだった。

三十四歳のクライストが、ベルリン郊外の湖のほとりで、人妻とピストル心中をとげたというニュースを耳にしたとき、ヴィルヘルミーネは何を思ったろう。

愛の中には常にいくぶんかの狂気がある。だがまた狂気の中には常にいくぶんかの理性がある。(ニーチェ*)

19歳

ザビーナ・シュピールライン

(心理学者。一八八五～一九三七?)

ロシアの富裕なユダヤ人家庭に生まれたザビーナ・シュピールライン*は、夢みがちで繊細な少女に育った。思春期の対人恐怖をきっかけに、鬱《うつ》をともなう神経症を病み、心配した両親がスイスのチューリヒ大学付属ブルクヘルツリ精神病院へ入院させた。

このとき彼女を担当したのが、新進気鋭の分析医カール・グスタフ・ユング*である。病歴六年という重度の彼女を、ユングは一年で治してのけた。シュピールラインは完治後もユングのもとへ通いながら、みごとチューリヒ大学医学部への入学を果たす。

――運命の恋だったのだろうか。

それともそれは、単なる〈転移〉(治療を受けるうち、患者が分析医に情動的にのめりこむこと）にすぎなかったのか。まだ三十歳そこそこで未熟だったユングが、その転移をうまく他へそらすことができなかったのか。

いや、ひょっとするとそれは、エキゾティックな美貌《びぼう》の女性患者を前にしたユングの、無意識の誘導だったかもしれない。なにしろシュピールラインの病状は、強迫観念にとらわれて正常な性行為ができないというものだったから、ユングとしては、彼女を愛することが彼女を治療することだと主張できた。

ユングを弁護するのはむずかしい。それまでも彼の遊び相手たるや、はんぱな数ではなかったし、後年、妻公認の愛人として日陰の生涯を送ることになるトーニ・ヴォルフ（心理学者）もまた、ユングとの最初の出会いは医者とヒステリー患者としてだった。「女性患者は誰もかれも夫に恋してしまうのです」と、忍従を強いられた彼の妻は、フロイトに愚痴をこぼしている。

偉丈夫で、スイス人というより「陽気なイギリスのクリケット選手みたい」な風貌のユングは、オカルトを信じ、ゲーテの末裔《まつえい》を自認し、自らの天才性を疑わず、仕事でも私生活でもやりたいことは断固やりとおす、身勝手で派手な獅子《しし》座の男だった。それでいて、抑圧された女性の言い分には真摯《しんし》に耳かたむけ、相手に強く感情移入する能力に長《た》けていた。

彼の聞き上手は、神経症の患者を多く扱ううち会得したもので、自説にもかなう。自伝に曰《いわ》く、「患者はそれぞれ、誰も知らない語られざる物語を持っている。私思うに、治療というのは、まず個人の物語をすっかり調べてからでないと始まらない。なぜならその物語が患者のかかえている秘密であり、彼らがのりあげている暗礁だからだ」。

若いシュピールラインが、自分の個人的な「物語」を興味しんしんで聞いてくれるこの魅力的な青年医師にたちまち恋してしまい、「わたしに魂を吹きこんだのはユング先生」と、一途《いちず》にのめりこんでいったのも無理はない。ともにエリート意識を持ち、熱烈なヴァグネリアン（ヴァーグナー崇拝者）という共通項も、ふたりの結びつきを強めた。

だが家庭もちの男性を愛する身はつらい。彼女は日記に、ユングの妻への嫉妬をぶつけている。妻というだけで法に守られ、みんなに尊敬され、どこへでも彼とつれだって行く。なのにこの自分、美人で頭脳明晰《めいせき》で金持ちの自分、天才ユングの妻にふさわしい自分は情婦と呼ばれ、陰で小さくなっていなければならない。「彼の腕に抱かれているときだけは、忘れていられるけれど」と。

ユングはオットセイのようにハーレムを作りたいタイプなので、離婚の意思は全くなかった。家庭を守るやさしい妻はそのまま置いておき、ちがうタイプの恋人たちをまわりに集めたい。彼はシュピールラインに、一夫多妻が自然の摂理であると、無理やり納得させ

©Mary Evans/PPS

カール・グスタフ・ユング

ようとした。納得はできなかったけれど、ついに彼女にも、妻になる可能性がないことだけはわかった。そこで願いはひとつことだけにしぼられてゆく。ユングの息子を産み、名前をジークフリート（ヴァーグナーオペラの英雄）とつけたい……。

　彼女の英雄崇拝とロマンティシズムがうかがえよう。

　ほとんど祈りにも似たこの願いを、シュピールラインは日記にくりかえし書き、恋人にくりかえし訴えた。ユングは辟易《へきえき》しはじめる。しかもふたりの関係は、しだいに町の噂になり、患者は激減し、妻の知るところとなって、いっそう歪《ゆが》みはじめる。そしてそのとき彼のとった行動は、おそらく愛の冷めた男ならみんなするように、ひたすら逃げまわることだった。それに対する彼女の反応もまた、たいていの女性がそうであるごとく、その不誠実な態度を怒って責めたてることだった。なんたる悪循環。

　やがて愛憎の泥沼状態を脱するため、スキャンダルを避けるため、ユングは病院を辞職し、チューリヒを去った。この突然の終わりを、しかしシュピールラインは懸命に克服する。病気に逃げこむことなく、ロシアへ帰郷することなく、まさに英雄的に克服する。ユングは彼女のことを、独占欲の強い執念深い女性で、どれほど迷惑させられたかと、被害者意識丸出しで悪口を言ったが、後には、「自分にも責任の一端はあった」と認めざるをえないでいる。

恋が終わってからのシュピールラインは、ひとまわり大きく強くなった。姿をくらましたユングより雄々しかった。彼女を支えたのは、自分は選ばれた人間だという矜持《きょうじ》であり、たとえ他人には鼻持ちならなく思われようと、それなくしてチューリヒにはいられなかった。彼女は恥をしのんでこの町にふみとどまり、研究を続け、二年後、二十六歳で学位を取得する。元患者が精神病医になったのである。そしてなおユングを思い続け、学位論文を、自分と彼との精神的な子どもとみなしてジークフリートと呼んだ。

卒業後、彼女はウィーンへ行き、フロイト門下に入る（そこで書いた論文「生成の原因としての破壊」は、フロイトの〈死の衝動〉概念に影響を与えたとして、近年再評価されている）。このころ有名なフロイトとユングの決裂があり、彼女はふたりの仲をもう一度修復しようと努力した。たぶんそれが、彼女の恋の最後の炎だったのだろう。仲裁は失敗し、ユングは永遠に彼女の手のとどかないところへいってしまう。冷酷な彼は、シュピールラインとのあいだにあたかも何もなかったかのごとく装うようになるが、彼女にとってそれは自分の存在自体を否定されるのと同じだった。失望した彼女はやがてベルリンへ移り、ユダヤ人医師と結婚して娘を産んでいる。最終的には家族でロシアへもどり、そこで分析医の仕事を続けた。

晩年の悲劇について記すのは気が重い。彼女個人には少しも責任のない歴史の濁流にのみこまれ、消息が不明なのだ。どうやら精神分析を禁じたスターリン*によって粛清されたか、ドイツ軍によって強制収容所へ連行殺害されたと思われる。誇り高いシュピールラインのことだ。最後まで果敢に闘ったにちがいないが。

結婚の約束をしてからでないと恋をしないというなら、それは小説を終わりから読むのと同じだ。（モリエール*）

20歳

アン・ブーリン

（ヘンリー八世妃。一五〇七～一五三六）

宮廷画家*ハンス・ホルバインの描いたヘンリー*八世の肖像は、一度見たら決して忘れられない。

恰幅《かっぷく》のいい体に、どうだ、と言わんばかりの豪奢《ごうしゃ》な衣装と宝石をまとい、傲慢《ごうまん》に胸をそらす脂ぎった壮年の男。が、インパクトのあるのはさらにその先だ。あごヒゲを生やした下ぶくれの大きな顔にはアンバランスな、細すぎる柳眉《りゅうび》、薄すぎる唇、爬虫類《はちゅう》のような無感動の目……。

われわれが持つ、王の中の王のイメージ、それもあきらかに負のイメージ――戦争好きで、自分を神と信じ、さからう者は絶対に許さない――を、ヘンリー八世は体現している。

当時のフランス大使など、彼の前に出るたび殴られるのではないかと震えあがった、と記しているくらいだ。こういう相手と深く関われば、やけどしかねない。自分以外はみんな蟲《むし》ケラと思っている最高権力者は、たとえ一度愛した女性に対しても、情け容赦はないだろうから。

十八歳で即位したヘンリーは、六回結婚している。最初の妻キャサリン・オブ・アラゴンに七子（そのうちの六人は早世）産ませたあと、離婚。二度目のアン・ブーリンは、三年たらず（まさに「一〇〇〇日のアン」＊）で処刑。その十日後、ジェーン・シーモアと結婚するも、彼女はお産で急死（アンの呪いと噂された）。四人目のアン・オブ・クレーヴスは、半年で離婚。五度目はアン・ブーリンのいとこキャサリン・ハワードで、彼女も姦《かん》通《つう》罪で処刑。最後はキャサリン・パーとで、死ぬまで添いとげた。とはいえたった四年なので、もし彼がまだ長生きしていたら、キャサリンの運命とてわからなかった。

妻三人を離縁したのはまだしも、妻二人の首をはねた王は、後にも先にもこのイギリス王だけだ。ついでながら、六人のうち三人がキャサリン、二人がアンという名前なのも、なにか奇妙な一致に思える。

さてアン・ブーリンだが、彼女は恋した。ヘンリー本人をか、それとも専制君主という抽象をか、次代の王の母になるという未来をか、判然としなかったにせよ、相手から熱烈に求められるうち、彼女も恋した。王妃の侍女と王、二十歳と三十六歳は、ひんぱんに恋の手紙のやりとりをはじめる。

アンの家柄はそう良くもない。とびぬけた美女というわけでもない。しかし九歳から十五歳までをフランスで過ごし、華やかなフランソワ一世*の宮廷で礼儀作法を身につけた彼女は、チャーミングで垢《あか》ぬけたしぐさでまわりを魅了した。まず王が夢中になる。王宮の迷路庭園で、キャサリン王妃やおおぜいの侍女と遊んでいる彼女に、一目惚《ぼ》れしたのだ。どんよりしたロンドンの空の下で、アンだけが光り輝いて見えたらしい。彼女にはこのときすでに婚約者がいたが、王は権力をふりかざして別れさせ、熱烈にアプローチする。顔に似あわぬロマンティストぶりまで発揮し、『刺《とげ》のないバラ』という舞曲風の組曲を作って彼女に捧《ささ》げた。

アンはしばらく拒否し続けた。というのも、かつてアンの姉が王の愛人だったことがあり、不用なハンカチのごとく捨てられるのを見ていた。その二の舞は嫌だ。王妃になるのでなければ嫌だ。自分の子どもが王冠をかぶるのでなければ、ぜったい嫌だ。それは野心というより一種の執念で、当時の人々は分をわきまえない厚かましさとしてアンを憎んだが、後世の目から見ると、運命的なものを感じざるをえない。なぜならアンとヘンリーとの間の子こそ、イギリスを豊かに花開かせる、あのエリザベス一世*だからだ。

アンはヘンリーに王妃の座を要求し、その代わり、必ず優秀な男子を産んでみせると約束した。自信たっぷりなその態度に、王の心は動く。妻キャサリンは年齢からしてもう子どもは産めないし、ふたりの間には娘（後のメアリ一世）がひとりいるだけ。もしアンが自分に世継ぎの息子を与えてくれるなら、愛人ではなく正妃として迎えるのも悪くない――。

当面の問題は、二十年近く妻の座にあって国民の人気も高いキャサリンだった。カトリックは離婚を認めない。王はさまざまな画策をするが、裁判は難航し、国の意見は分裂し、ついにはローマ教会から分離独立してイギリス国教会を作るという、いわば宗教改革をおこなわねばならなくなる。三顧の礼で宮廷へ招いていた大知識人トーマス・モアすら、アンとの結婚に反対したという咎《とが》により処刑した。あれやこれやで、アンを王妃とするまでに六年もかかってしまう。

六年。それも国中を混乱させての六年。ヘンリー八世には疲れと飽きがきた。そのうえ結婚後まもなくアンが産んだのは、あれほど期待した男児ではなく、女児（エリザベス）だった。彼の気持ちは醒《さ》め果て、失望は怒りに変わる。

憔悴《しょうすい》しきったアンが産後のベッドから目をあげたとき、あの肖像画どおりの視線に出あったとしたら、それはもう血も凍るほどであったろう。サディスティックな独裁者の気まぐれな愛に賭《か》けたあやまちを、痛いほど思い知ったことだろう。トーマス・モア処刑の段階でおぼろに予感した命の危険に、彼女はあらためて身をふるわせた。後継ぎを産まねば殺される。アンは文字どおり必死に、次こそは、と夫に誓った。

翌年、アンはほんとうに男児を産む。けれどその子は産声をあげなかった。死産だった。ここへきてヘンリーは、アンを完全に見限り、アンの侍女ジェーン・シーモアを次の妻にすることに決めた。彼女はアンより若く健康で、何より一族が多産系なのが気に入った。四十半ばの彼にとっては、もはや愛だの恋だのはどうでもよく、王子を得るということだけが重要だった。

作者不肖のアン肖像画。処刑２年前のものとされる

今度の問題は、アンである。キャサリンのときでこりごりしたので、もうめんどうな離婚裁判などする気はない。本人をこの世から抹殺するのが一番てっとり早い。そこで姦通罪および近親相姦罪を

でっちあげ、なおかつ彼女を魔女よばわりして（アンの片手には指が六本あったといわれ、それも魔女の証拠とされた）、自分は呪術《じゅじゅつ》でたぶらかされただけだから、この結婚は無効だと訴えた。ついでに、のちのち危険になりそうな貴族たちやアンの実兄も、いっぺんに有罪にしてしまう。裁判というより、単なる死刑の宣告だった。

アンはロンドン塔広場で、首をはねられることになる。さすがのヘンリーも最後は思いやりを見せた、と言われている。斧《おの》による斬首《ざんしゅ》はむごいので、剣を使う有能な処刑人をわざわざフランスから連れてきたのだそうだ。でもほんとうに、ヘンリーがそうしたのだろうか。処刑当日、いつもと変わらず狩りを楽しんだ彼、アンの生首を長く橋上にさらしておくような彼、二歳の娘エリザベスを私生児として追放した彼が。

アン・ブーリンの最期が、おちつきはらった立派なものだったことは、五人目の妻キャサリン（悲鳴をあげて逃げまわった）との対比でよく語られる。アンは見物人たちに向かい、こう言った、「王は、慈悲深い最上の夫でした。王のために祈ってください」。

彼女は潔さを演じることで、自らの恋のあやまちに決着をつけた。

胸のうちではしかし、どれほどの無念が渦まいていたことか。ただじゃまになったというそれだけの理由で殺されるのだ、かつてあれほどラブレターや恋歌をよこした相手に。むしろ憎悪や嫉妬《しっと》から殺される方が、まだしもである。それはロンドン市民たちもよくわかっていたのだろう、処刑の翌日さっそく、アンの幽霊が目撃されている。首のない四頭の馬が引く車に、自分の首を両手で抱えたアンが乗り、生家である城まで走っていって消えたのだという。幽霊はその後もひんぱんに出たため、ロンドン塔の見回りが出没日誌をつけていたほどだ。また、アンを処刑した首切り役人が、二年後に自らも首を切られて処刑されたのも、先述したように後妻ジェーンが産後まもなく苦しんで死んだのも、アンの祟《たた》りとされている。

そしてヘンリー八世は?

たぶん彼のようなタイプに、呪いはきかないのだろう。贅沢三昧《ぜいたくざんまい》で国庫をへらしたあげく、ぶくぶく太り、天寿をまっとうしている。

恋とは、死んでもいいとすら思う生命への讃歌だ。（*バタイユ）

25歳

松井須磨子

（女優。一八八六〜一九一九）

日本的な切れ長の一重瞼《まぶた》で、まっすぐ思いつめたように見つめる*松井須磨子は、*徳富蘇峰から「いつ爆発するかわからない浅間山」と評された。しかし彼女を大正時代の近代劇随一の名女優に押しあげたのは、その激しく一途《いちず》な気性と、がむしゃらな努力であった。

須磨子の本名は小林正子という平凡なもので、長野県の小さな村に、九人きょうだいの末子として生まれた。家が貧しかったためよそへもらわれたが、養父が亡くなってまた実家へもどされ、まもなく父親も亡くし、東京の姉の嫁ぎ先からようやく裁縫女学校を卒業させてもらう。十七歳で千葉の旅館の息子へ足入れ婚をするが、子どものできないことを姑《しゅうとめ》に責められて離縁している。

後年、須磨子はこのころのことを、「世の常の娘などには想像もできないほどの悲しさを経験した」「女は何がために、そうまで男に迫害されなくちゃならないのでしょう」と書いている。じっさい、蔵で紐《ひも》をかけて首をつろうとしたことさえあった。運命は、だがまだ早いと、彼女をとめた。自殺はまだ十年以上先のことにするように、と——。

再び上京した彼女は、高等師範学校の学生と再婚する。この夫が演劇学校で日本史を教えるようになったことから、劇場や俳優たちとの接点ができ、須磨子のうちに眠っていた才能が開花しはじめる。たまたま坪内逍遥*の主宰する文芸協会演劇研究所が、第一期生を募集しており、彼女も応募して、どうにか合格した。合格理由は、「体格の良さのみ」だったものの、負けず嫌いの彼女は人の何倍もの練習量によって、翌年おこなわれたシェークスピア『ハムレット』試演で、オフィーリアの役を射止める。

それからは敵なしだった。次作イプセン*『人形の家』のノラ役が評判をとり、帝国劇場で再演されて、彼女の地位はゆるぎないものとなる。役への没入ぶりはすさまじく、「ノラが須磨子か、須磨子がノラか」と言われた。同じ時期に離婚したことも重なって、須磨子は世間からますます、何ものにもしばられない新しい女性の典型（ノラは、独立した一個の人間であることを夫に宣言して、主婦の座を捨てる）と見なされるようになった。平塚雷鳥*の『青踏』が出てまもなくのころでもあり、従来の耐える女から、原始の太陽のごとき女が求められはじめてもいた。

島村抱月*との恋は、いつからだったろう。

近代ヨーロッパ劇を日本へ移植しようと、逍遥とともに文芸協会を設立した抱月は、研究所の講師として、須磨子の指導に全面的にかかわっていた。男女交際にはことさら厳しい逍遥のもと、たとえふたりが一目惚《ぼ》れだったとしても、かたく胸にしまっておかねばならない恋だった。須磨子の方は離婚できたが、抱月には無理な事情がある。五人も子どもがいるということ以上に、彼の結婚自体が一種の軛《くびき》だからだ。

松井須磨子

妻イチ子は、抱月の養父の遠縁にあたる。この養父に、彼はひとかたならぬ恩義があった。須磨子どうよう、生家の貧しさゆえに苦労した抱月が、早稲田大学にかよえたのも、ヨーロッパ留学できたのも、ひいては帰国後早稲田の講師になれたのも、すべてこれ、彼の才能を見こんで経済援助をしてくれた養父のおかげである。イチ子と別れることは、その恩を仇《あだ》でかえすに等しい。

だが、恋は抑えようとすればするほど煮つまるものだ。ふたりの熱い思いは、しだいに抜きさしならなくなってゆく。教養においても地位においても、互いの隔たりは大きかったが、一方で、幼少から生活苦にあえぎつつ這《は》いあがってきたという共通項による親近感と理解が、彼らを強く結びつけた。ともに日本の新しい演劇運動をになう最高のパートナーだとの認識は、いうまでもない。

「呪ふべき四十歳よ!」と抱月は書いている、「あるときは四十の心、あるときは二十の心、われ狂ほしく」。須磨子との十五の年の差を嘆きながら、逆にまた、許されぬ恋を己に認めた喜びをもうかがわせる。

この歌を書いた翌年の夏、ついにダムは決壊した。ふたりが高田馬場で密会しているところを、イチ子に見つかったのだ。イチ子という女性もかなり気性のかったタイプで、夫が須磨子にあてたラブレターを盗み読み、行動をあやしんで跡をつけてきて、現場をおさえるなり、夫の襟首をつかんで家まで連れ帰ったというのだからすごい(抱月には、強い女性にしばられやすい、受け身の魅力があったのだろう)。

さらにダメ押しとして、イチ子は逍遥へ訴えに行き、問題を重くみた逍遥はけっきょく須磨子を退会処分にする。これが裏目に出た。抱月にしてみれば、自分のせいで立場の弱い須磨子ひとりを犠牲にしてしまった、生まれてはじめて愛しただいじな女性を見捨てて、義理で結婚しただけの妻とまたやり直しなどできない、と思いつめてしまう。

こうして抱月は、誰もが驚愕《きょうがく》する行動に出る。文芸協会も早稲田も師である逍遥も家庭も、何もかも放りなげ、須磨子と牛込《うしごめ》で同棲《どうせい》をはじめたのだ。須磨子の完全勝利。芝居っ気たっぷりの彼女は、大仰な起請《きしょう》誓紙（江戸時代、遊女が客に誠意を示すため書いた文書）を彼と三通もとりかわし、いつか必ず正式な夫婦になると誓いあった。

まもなくふたりは、須磨子を座長に芸術座を旗上げする。抱月の門下生たちも集まってきた。公演はどれも成功したが、とりわけ帝国劇場での第三回公演トルストイ作『復活』が、爆発的にヒットする。新劇の大衆化をねらった抱月が、劇中歌を入れたことも当たり、〈カチューシャの唄《うた》〉は流行歌にまでなって、須磨子は人気女優兼人気歌手として、ならびもない名声を得た。『復活』公演はまた、日本全国ばかりか中国、韓国、ロシアと海外遠征し、延べ四百五十回近くにおよんだ。

巡業に次ぐ巡業、人気をひとり占めする須磨子への嫉妬《しっと》、内輪もめによるメンバーの離反と、かならずしも順風満帆とばかりいえなかったのが、かえってふたりの仲を強化したともいえる。須磨子はただ抱月を利用しているだけで愛はないと陰口をきかれても、さらにはまた彼ら自身、劇団員の前ですさまじい罵《のの》りあいをくりかえしても、別れるなどは思いもおよばないことだった。

なのに別れは唐突にやってくる。一九一八年。この秋、スペイン風邪とよばれた急性インフルエンザが世界中に猛威をふるい、日本でもこれによる死者三十八万人という大惨禍となる。須磨子もかかり、寝こむ。頑健な彼女はすぐ治るが、こんどは看病していた抱月が倒れた。そして心臓の悪い彼は、あっけないほどすぐ亡くなる。

須磨子は臨終に間に合わなかった。まさか重篤とは思わず、芝居の稽古《けいこ》に出かけて、夜中に帰宅したのだ。医者につめより、「なんとかならないの？　もう一回注射してちょうだい」と泣き叫んだという。

彼女が首をくくったのは、二ヶ月後の、抱月の命日である。きちんと化粧し、大島紬《つむぎ》に羽織もつけて、裾《すそ》が乱れないよう紐《ひも》でゆわえ、覚悟の自死だった。

「先生のところへ行きます。ひとりでは生きてゆけません」との遺書も残してあったのに、須磨子の死はすなおに受けとってはもらえなかった。まずイチ子が、新聞に談話を載せる。抱月の葬儀のさいにも、須磨子は若い男と笑って何かしゃべっていたし、とても後追い自殺とは考えられない、と。

本妻にしてみれば憎いだけの相手だから、こういう話が出てくるのもしかたがないだろう。他にも、原因は別にあると言う者がいた。抱月亡きあと、芸術座は*メリメ作『カルメン』を上演したのだが、演出をめぐって争いになり、須磨子の意見は無視された。「わたしの言うことはもう通らないのね」と彼女はつぶやき、その夜に自殺したというのだ。だがそのていどのことが理由になるはずもない。芸術座は須磨子で持っていたのであり、事実、彼女の死イコール芸術座の崩壊であった。

*有島武郎に失恋したため、という説もある。たしかに彼女は自殺までの二ヶ月間、数人の男性と必死でかかわりを持とうとした。ある人は金持ちなので、ある人は有力者なので、自分を助けてくれるかもしれないと期待したらしい。でもだからといってそのことが、抱月を愛していなかったとの証明にはならない。むしろあまりに彼を愛していたため、喪失感に圧倒され、その空白を物狂おしく埋めようとしただけではなかったか。

誰でもいい、誰かに愛されたい。誰かをまた愛したい。錯乱状態でそれを求め、できないとわかったとき、「先生のところへ」行こうと思い定めた。

「君が芸術に深入りすればするほど、世間と和しがたい人になってゆく、歴史上の幾多の弱い芸術家と同じ運命を担った不幸な女性である」——かつて抱月は、彼女を評してこう言った。これほどの深い理解を示してくれる相手はもうあらわれないと、須磨子にはわかっていたのかもしれない。

三十二歳。女優としては、まだまだ長く大輪の花でいられたはずだが、彼女は恋の殉教者となる終わりを選んだ。

愛されているという驚きほど、神秘なものはない。それはいわば肩に触れる神の指だ。（チャールズ・モルガン）

25歳

ホーエンベルク公爵夫人ゾフィ

（フェルディナンド皇太子妃。一八七一〜一九一四）

ボヘミアの伯爵家に生まれたゾフィ・ホテクは、長じてフリードリヒ大公の女官となった。大公の城へは、ハプスブルク帝国皇位継承者のフランツ・フェルディナンド*がよく訪れてきて、政務のあいまの気晴らしにテニスなどをして過ごしていた。

剛毅《ごうき》な軍人気質のフェルディナンドと、母性的なゾフィは、そうなることが決まっていたかのように、切ない恋におちいった。未来の皇帝とただの女官。あまりに身分がちがいすぎる。いずれ引きはなされて泣くことになる。ふたりはいくどもこの恋をあきらめかけ、そのたび愛情を深めていった。

人目をしのぶ関係は一年以上におよんだが、気づく者はいなかった。あばかれるきっかけは、意外な方向からである。大公家には、フェルディナンドの相手として申し分のない、年頃の娘たちがおり、誰もがとうぜんの想像をめぐらすようになった、つまり、この独身プリンスがかくもひんぱんに城通いをしているのは、彼女たちのひとりが目当てであろうと。

意中の人さがしが、ひそかにおこなわれる。フェルディナンドがテニスコートに懐中時計を置き忘れたのは、そんなころだった。たまたまひろった人間が好奇心をおさえきれず、時計のフタをあけてみる。するとそこに入っていたのは、高貴な姫ならぬゾフィの写真ではないか、このビッグニュースはさっそく大公夫妻に伝えられ、不届き者の女官は即刻、城を馘《くび》になった。

ここからが、愛の試される厳しい長い時期のはじまりだ。

最大の障壁は、フェルディナンドの叔父《おじ》、現皇帝フランツ・ヨーゼフだった。落日間近いとはいえいまだ強大なハプスブルク家を支える皇帝は、その融通のきかない保守気質によって、自分の息子ルドルフを自殺へ追いやり、妻のエリザベート*にそむかれながら、今また、烈火のごとく怒りつつ甥《おい》の前に立ちはだかって、王冠か恋か、どちらかひとつを選べと迫った。フランツ・フェルディナンドは断固として「両方、手に入れる」と、言いかえすのだった。

膠着《こうちゃく》状態は二年も続く。ゾフィの立場では、いつ終わりを告げられても文句は言えない。いや、終わらないまでも、フランツがどこかの王女と結婚し、自分は一生愛人のままということは大いにありえた。ただただ、彼の愛だけが頼りだった。

新世紀をむかえた一九〇〇年初頭、ついに折れた皇帝は条件を出してくる。それは、フェルディナンドが皇帝に即位したとしても、ゾフィに皇后の称号は与えないし、生まれた子どもも皇位継承させない、という無情なものだった。フェルディナンドはこの条件を呑《の》む。ゾフィの驚きはいかばかりだったろう。階級の低さゆえ、自分が戴冠《たいかん》できないことは覚悟していたが、まさかフェルディナンドが、世継ぎをあきらめてまで愛を貫いてくれるとは思わなかった。そればかりではない。彼は死後のことも考え、自分だけがハプスブルク家の霊廟《れいびょう》に葬られないよう、ゾフィとふたり用の墓地まで準備していたのだ。

六月二十八日、三十七歳のフェルディナンドと、二十九歳のゾフィは結ばれる。つぎつぎ三人の子どもに恵まれ、家庭生活は円満そのものだった。しかし一歩外へ出ると、〈貴《き》賤《せん》結婚〉した夫婦に対する風当たりの強さは相変わらずである。ゾフィはいちおうホーエンベルク公爵夫人という称号は与えられたものの、宮廷女性たちの序列で末端とされ、公式行事では夫の隣に座ることを禁じられた。陰湿ないじめや無視はしょっちゅうで、フェルディナンドが妻をかばって、皇帝に食ってかかる場面も再々だった。

こうした宮廷のいびりも、フェルディナンドが皇位につきさえすればなくなるはずだ。ところがフランツ・ヨーゼフは長生きだった。八十過ぎて、なお実権をはなさない。ふたりはいつまでもおあずけをくいながら、嫌がらせに耐え、敵意と戦わねばならなかった。ある意味では、だからこそいっそう互いをかけがえのない相手と感じられたともいえる。

最期のときが近づいてきた。一九一四年、オーストリア領ボスニアの都市サラエボで陸軍の演習があり、皇帝の代わりにフェルディナンドがその視察へ行くことになる。奇《く》しくも六月二十八日。結婚十四年の記念日だ。軍人としての資格で行事に参列するときだけは、ゾフィも同じ自動車に乗ってよいとされていた。ふたりは晴れ晴れとした気分でこの日を迎える。

当時、バルカン情勢は一触即発の危うさで、フェルディナンド暗殺計画のあることも知られており、セルビア総領事が訪問中止を要請したほどだ。それでも強行したのは、政治上の理由というより、夫婦ならんで公の場に姿を見せることのできる、これが数少いチャンスだったからだ。ふたりを乗せた赤いオープンカーは、歓迎会会場の市役所へ向かう。そろそろ到着というとき、テロリストが車へ爆弾を投げいれた。間一髪、フェルディナンドはそれを拾いあげ、遠くへほうりなげた。後続の車の近くで爆発した。

ゾフィは夫の頼もしさに惚《ほ》れ惚《ぼ》れしたのではないか。守られる喜びと誇らしさを感じたのではないか。これまでもそうだったように、これからもずっと守ってもらえると信じられたのではないか。まだ先があるとも知らずに。

このハプニングで、行事は狂いだす。爆発で護衛の将校がケガをしたと知ったフェルディナンドが、歓迎会のあと、彼を見舞うことにした。ところが肝心の運転手に、なぜかこの指示が伝わっていなかった。進路を変更せよ、と突然言われた運転手がスピードを落とすと、その一瞬のすきをねらって別のテロリストが車に乗りこんできた。ピストルをかまえている。今度ばかりは防ぎようがなかった。一発目はフェルディナンドに、二発目はゾフィに命中。ふたりは抱きあってくずおれる。フェルディナンドは血を吐きながらも、必死に妻をかきいだき、「ゾフィ、死ぬな。子どもたちのために」。

テロリストはゾフィまで殺すつもりはなかったが、フェルディナンドの後ろにいた護衛官をねらった弾がそれて、彼女の胸を撃ちぬいたといわれる。即死だった。フェルディナンドもその十五分後にはこときれた。愛しあうふたりは、運命を共にするよう定められていたのだろう。そしてこの暗殺がきっかけとなって、二千万人もの死傷者をだす第一次世界大戦は始まるのだ。

——不思議な記録が残っている。フェルディナンド夫妻の棺《ひつぎ》となったこのオープンカーは、戦後、ユーゴスラビア人が修復して使っていたが、右腕をなくす大事故を起こしたため友人にゆずられた。その男は半年後、事故で死に、次に購入したカーレーサーも、その次の持ち主の農場主も、事故を起こして死ぬ。たぶん赤という色が悪いのだろうと、次の購入者は車体をブルーに塗りかえて乗ったが、やはり事故を起こして死んでしまったというのだ。

さすがに使うべきでないとの結論になったようで、この不吉な車はウィーンの博物館に展示された。ところがまもなく起こった第二次世界大戦の爆撃で、車も博物館も、あとかたもなく消えてしまった。

当時の報道イラスト

美の威力たるや、はかりしれない。美を感じない者にまで影響を及ぼす。（ジャン・コクトー*）

26歳

ポッパエア・サビナ

（ネロの妃《きさき》。三二？〜六五）

食うか食われるかの熾烈《しれつ》な世界。戦争や陰謀や呪術《じゅじゅつ》や近親相姦《そうかん》や拷問や毒殺や虐殺が日常の古代ローマ。そこで生き残るには、良識だの正義だのとばかり言ってはいられない。「正しい魂をのぞく全てを持っていた」と悪女よばわりされるポッパエアだが、彼女は彼女なりの戦いを戦っただけである。

ものごころついた頃からポッパエアのまわりは、裏切りと血まみれの死であふれかえっていた。ローマ一の美貌《びぼう》をうたわれた彼女の母は、嫉妬《しっと》したメッサリーナ*（皇帝クラウディウス*の三番目の妻）に殺された。やがてそのメッサリーナも皇帝に殺され、次いで皇帝も、四番目の妻アグリッピナによって殺された。新帝にはアグリッピナの息子ネロ*がなり、クラウディウスの実子は殺された。

この騒ぎのなか、若くしてポッパエアは近衛《このえ》隊司令官に嫁がされ、子どもひとりを産んでいる。だがまもなく年老いた夫は罷免され、権力の座は遠ざかった。野心家のポッパエアは、これで終わる気はない。黙々と教養を身につけ、美貌に磨きをかけ続けた。必ずそれが武器になると信じて。

彼女は「世界でもっとも化粧に時間を費やした女性」という、名誉なのか不名誉なのかわからない形容をたまわっている。たしかに徹底していた。美容パックを発明（小麦とライ麦、ハチミツ、ロバの乳、それに薬草の粉末を混ぜて作った）したのも彼女だというし、髪は輝くブロンドにしていたが、染め方は極秘だった。抜けるような白い肌を守るため、外出のときは必ずマスクをかぶり、入浴はロバの乳で、それ用の牝《めす》ロバを何百頭も飼っていた。

こうした努力は報われる。将軍オトーが彼女に夢中になり、離縁させて自分の妻にむかえた。オトーは美しい彼女を皇帝ネロに自慢し、するとこ今度はネロが夢中になり、オトーと離縁させてしまう。ポッパエアは一気に最高権力に近づいたわけだ。とはいえ政治の実権を握っているのは、いまだ猛母アグリッピナであり、ネロには正妻のオクタヴィアもいる。二つの障壁を乗り越えねばならない。ポッパエアが悪女とされるのは、まんまとそれをやってのけたからである。

どちらも凄惨《せいさん》な殺人だった。ポッパエアがそそのかした証拠はないにせよ、彼女が王妃になりたかったことだけは事実だ。そしてネロにしてみれば、母殺し、妻殺しである（殺さなければ彼の方が、どちらかに殺されていたともいわれる）。母アグリッピナに対しては、船に穴をあけて溺死《できし》させるつもりがうまくゆかず、けっきょく刺殺させた。妻オクタヴィアは四肢の血管を切りひらかれた上、蒸し風呂《ぶろ》で窒息させられた。彼女の首は、ネロが見たがらなかったため、気丈にもポッパエアが確認したと伝えられている。

死屍《しし》累々をうしろに、愛しあうふたりは結婚した。知りあって四年目だった。ポッパエアはすぐ娘を産み、ネロを喜ばせる。ネロはジュピターの神殿に奉納していた巨大なエメラルドを、愛妻へ贈った。まちがいなくふたりは幸せだった。しかしわずかその三年後、臨月のポッパエアは急死する。まだ三十代前半の若さで。

死因はさまざまにとりざたされた。ネロが蹴《け》り殺したという説すらある。跡継ぎをほしがっていた彼が、もうすぐふたり目を産むという妊娠中の妻にそんなことをするとは考えにくく、おそらくことさらに彼の悪逆無道ぶりを喧伝《けんでん》したいがための中傷であろう（ネロは史上初の大規模なキリスト教徒迫害者だったので、実際以上に暴君とされがちだ）。

ポッパエアは病死と思われる。彼女の白すぎる肌は鉛白の、赤すぎる唇は水銀性の鉱物のおかげだったのだが、それら毒物を長く使いつづける弊害は想像するまでもない。毎朝、身支度に百人の奴隷を動員したほどの美への執着が、けっきょくは早すぎる死をもたらした。彼女にとって、だが美に復讐《ふくしゅう》されるなら本望だったかもしれない。老いを怖れ、きれいなうちに死にたいとつねづね口にしていたナルシストの彼女であったから。

ポッパエア胸像

ネロは盛大な葬儀をとりおこない、愛妻を悼んだ。ローマの慣習では死体は火葬だったが、ポッパエアの美しさをこの世にとどめたいと思ったのだろう、多量の防腐剤をほどこして霊廟《れいびょう》におさめた。その防腐剤の量たるや、ローマで消費される一年分にも相当した。

こんな逸話が残っている。あまりにネロが嘆くので、葬儀のあと側近が、スポルスという名の少年をつれてきた。この子は去勢されており、ポッパエアそっくりの面差しだったという。ネロの慰めになったかどうかは、定かでない。いずれにしてもネロに残された寿命はあと三年だけだった。民衆から憎まれた彼は、反乱軍に追われて自殺する。

――ネロの死からおよそ千六百年後、*モンテヴェルディが『ポッパエアの戴冠《たいかん》』と題するオペラを作曲した。まさしくポッパエアの戴冠にいたるまでの、悪の勝利の物語だ。不道徳ながら、現実をそのまま反映している。恋人たちは情熱にまかせて突っ走り、その情熱だけを見れば純粋そのもので、他の人間が苦しもうが死のうがいっさい頓着《とんちゃく》しない。オペラのプロローグには、〈幸運〉〈美徳〉〈愛〉の三女神が登場し、互いの力をきそいあうが、けっきょく〈愛〉こそ一番強いことが示される。「この世はわたしの思うまま」と、〈愛〉は高らかに歌うのだ。

ほんとにそのとおり。

ふたりがどんな悪いことをしたというのだ。
春が愛をこめて結びつけたふたりなのに。(ヴァーグナー)

27歳

コージマ・ヴァーグナー
(一八三七〜一九三〇)

見えない糸であやつられるかのように、母娘《ははこ》二代、同じ恋愛パターンをなぞる例がある。

三人の子を持つマリ・ダグー伯爵夫人が、*フランツ・リストとスイスへ駆け落ちしたとき、パリ社交界は騒然となった。ふたりの仲は正式な結婚をすることなく十年続き、三子をもうけたのち、別れる。その子どものひとりがコージマだ。

三十数年後、ドイツの指揮者フォン・ビューロー夫人となっていたコージマは、夫と二子を捨て、リヒァルト・ヴァーグナーを追ってスイスへ走る。そのときすでに彼女がヴァーグナーの子を宿していたことから、世間の非難は囂々《ごうごう》たるものであった。

――リストとヴァーグナー。ともに天才音楽家と呼ばれ、強烈なエゴイズムとカリスマ性、めまぐるしい女性遍歴で、当時からもうヨーロッパ中に名を馳《は》せていた。道徳や倫理の外にいる彼らは、とうてい安らげる相手といえないが、マリもコージマも、そのくらい刺激的でなければ心を燃やせなかった。

ヴァーグナーはコージマより二十四も年上である。彼女が夢中になったのは、ファザコンだったことと関係あるかもしれない。父リストは、そのピアノの演奏どうよう華やかな容姿で（まだ十六歳のとき、死の床の父親から「女性関係だけは気をつけるように」と言いふくめられたほど）、そばには絶えず賛美者がいた。コージマがどんなに望んでも、父の愛を独占することはできなかった。まして彼女は法律的には認められていない娘だし、不在の父は不在であるがゆえにいっそう恋しい（ずっと後、臨終のリストを世話していた彼の最後の恋人を家から追い出すことで、コージマは積年の恨みを果たす）。

彼女にとって無能な男は男ではない。その点、父の弟子であり、ピアニストとしても指揮者としても一流のビューローに問題はなかった。しかしヴァーグナーと比べては……。

ヴァーグナーは、とにかくあらゆる意味で別格だった。大きな鼻と秀でた額のこのオペラ作曲家は、背は低いし、お世辞にもハンサムといえないのに、凄《すご》みある存在感で周囲を圧倒していた。彼の音楽もまた、大衆的人気こそまだないものの、バイエルン国王ルートヴィヒ二世*を熱狂させ、夫や父までも心酔させていた。コージマは確信する、自分の一生をささげるべきはこの人だ、と。そして信じたことを行動にうつすのは、母親ゆずりだった。誰に非難されようと、びくともするものではない。

コージマのばあい、飽きられ捨てられた母マリより、ずっと運がよかった。年齢的にもヴァーグナーは放浪に疲れ、そろそろ安定した家庭がほしいと思っていた時期だったし、長く別居中だった妻は病死したばかり、ビュローも離婚に同意したので、数年かけて恋人たちは結婚できたからだ。

コージマは賢くもあった。創作する人間は認められたがるものと知っており、崇拝され称賛されたいヴァーグナーの気持ちをよく理解して、ふんだんにそれを与えた。夫の願いが彼女の願いの全てだった。夫の芸術を世界中に正しく伝えるのを、生涯かけた自分の使命とみなした。

ぼうだいな日記のなかで彼女は、子どもたちへこう訴えている、ヴァーグナーと出会うまでの自分の人生は「荒涼たる不快な夢」だった、「救世主」であり「守護神」であるヴァーグナーに奉仕することこそ自分の義務だ、だからどうか母がその義務を果たせるよう、おまえたちも助けてほしい、と。

「わたしは愛によって生まれ変わり、救済されたのです」――これもコージマの言葉だが、明らかにヴァーグナーの『さまよえるオランダ人』がベースになっている。このオペラの

左端で子どもを抱いているコージマ。本を持って立つヴァーグナー。リストがピアノを弾いている

主人公オランダ人は、呪われて死ぬことも許されず、七つの海を永久にさまよう運命だったのを、乙女ゼンタの自己犠牲的な愛によって救われる。同時にそれは、ゼンタ自身を、むなしい人生から救済することでもあった。コージマが自分をゼンタに、ヴァーグナーをオランダ人に重ねているのは自明だろう。

ほとんど宗教の域にまで達したこういう愛の姿は、男性にはあまり見られない。自分の力で道を切り拓《ひら》くのではなく、切り拓いている恋人に寄り添うことでエクスタシーを共有しようとするのは、好き嫌い、できるできないは別として、女性の幸せのひとつの型といえる。

恋におちて十八年後、コージマの腕のなかでヴァーグナーは息をひきとった。彼女は一日中亡骸《なきがら》からはなれたがらず、葬儀のあと、皆は後追い自殺を心配した。けれどそれはありえないことなのだ。

コージマが恋したのは、ヴァーグナー本人ばかりでなく、その芸術作品をもふくめた、もっと抽象的な何かだ。彼がいなくなっても、それは残る。いや、むしろ残すための戦いが、今はじまったばかりである。

バイロイト祝祭劇場での上演において、コージマの意見は絶対となった。演出方法でも歌唱方法でも、ヴァーグナーの意思を伝えられるのは彼女だけなのだから、彼女の言うとおりにするのが正しいのだと。とうぜんながら、それを不当な独占欲とみなす人たちも少なくなかった。芸術は、生みだされた瞬間に芸術家の手をはなれ、さまざまな解釈をされて発展してゆくものなのに、なぜいつまでも芸術家の、ましてやその妻のものでなければならないのか。

コージマは、それに対して敢然と戦った。夫の作品を曲げられるわけにはいかない。それとも自分を否定されるわけにはいかないと思ったのだろうか。もはや彼女自身、半ばヴァーグナー化していたのかもしれない。

彼女は戦い、生き続けた。生きている限りは、彼女の勝ちだ。ヴァーグナーの死後、なんとコージマは四十七年、半世紀近くを生きる。すごいものである。恋と芸術と信念が合体すると、無敵ではあるが、しかし恋心はかなり変質していたにちがいない。

恋愛とは美しき誤解である。結婚は惨憺《さんたん》たるその理解である。（亀井勝一郎*）

30歳

マリリン・モンロー

（女優。一九二六〜一九六二）

ハリウッドの〈セックスシンボル〉マリリン・モンロー*と、アメリカの代表的劇作家アーサー・ミラー*の電撃結婚に、マスコミは禿鷹《はげたか》のごとく食らいついた。騒ぎを避けようと、ごく少数の近親者だけで内輪に式を挙げたことが――ふたりのせいではないけれど――死を呼びよせてしまう。結婚当日、パリ・マッチ誌の女性記者がミラーの車と思いこんで無関係の車を猛追したあげく、楓《かえで》の木に激突して即死したのだ。まったく縁起が悪いといったらない。このふつりあいなカップルの行く末が案じられよう。

ともに再婚である。モンローは二度目の夫ジョー・ディマジオ（プロ野球の人気選手）と、短期間の同居を経て別れたばかりだし、ミラーの方は幼い子どもたちのいるおだやかな家庭を、モンローといっしょになりたいばかりに捨ててきた。三十歳と四十一歳は新しい恋に溺《おぼ》れ、まわりは眼中になく、夢の新生活作りにのめりこむ。

初めて出会ったのは、六年前。モンローが『イヴの総《すべ》て』でようやくスターへの足がかりを得、ミラーが『セールスマンの死』でピュリッツァ賞を受けた時期である。まだ恋の潮どきではなかったらしく、たがいの間にスパークするものはなかった。そのまま別々の道を、しかもそれぞれに輝かしい道を歩んで、ひとまわりもふたまわりも大きくなり、偶然の再会に至る。見つめあい、握手し、しびれるような快感をおぼえて、これぞ運命の相手と信じた。

このころのモンローは、トップ女優の座を手に入れながらあいかわらず自信がなく、若さと人気を失うのを何より恐れていた。おつむの弱い可愛いブロンド役ばかりいつまでもやっていられないと、リー・ストラスバーグ率いる有名なアクターズ・スタジオで、本格的な演技指導も受けはじめたところだ。別の自分になりたかった。そして別の自分になるための支えに、ミラーほどふさわしい男性がいるだろうか。彼の妻になることで、根深い知的コンプレックスも解消されるように思えた。

「わたしがただのおばかさんだったら、彼が結婚するわけがないでしょう？」と、モンローは言ったものだ。この言葉の裏にある苛立《いらだ》ちを、だが誰もまともに受け取ろうとはしなかった。美しい旬の花を摘んだ男はうらやましがられ、株も上がるが、摘まれた花の価値は下がりこそすれ上がりはしない。

モンローは父親を知らず、母親は精神病でたびたび入院したため、養護施設に入れられたり養父母が何人も替わったりと、悲惨な少女時代を送ってきた。おちつかない暮らしでは勉学にも身が入らず、高校を中退している。とうぜん愛情にも飢えていた。みんなから注目されたいという強い思いが、こぼれる愛嬌《あいきょう》となり、無意識の誘惑となった。美しい貧しい女優の卵で、そのうえ相手のほしがるものは何でも約束するかのごときコケットリィの持ち主となれば、金や権力をもつ男たちはずうずうしく言い寄ってくるし、平気で身体にも触れてくる。そんな中でもまれ続けてきたので、ミラーの内気さが嬉《うれ》しかった。ひとりの人間として敬意を受けていると感じられた。モンローは彼に合わせ、ユダヤ教に改宗さえした。

だが恋の多くは遠くにあるうちが華で、接すると色褪《あ》せる。日常に組みこまれたとたん変容する。この〈美と知の結婚〉も、例外ではなかった。日々の生活が流れるうち、こんなはずではなかった、との思いがやがて頭をもたげてくる。

モンローは彼によって、少しでも〈知〉に近づこうとした。ところがそれは容易なわざではないし、マスコミはいぜんとして彼女に、「本を読むのですか？」などと侮蔑《ぶべつ》的な質問をくりかえす。けっきょく人は、見たいようにしか見ないのだ。腹立たしいのはミラー自身、彼女の〈美〉だけに満足しているらしいこと。アクターズ・スタジオでの彼女の演技向上の努力についても、少しも買っていない。苦い幻滅だった。

もちろんミラーは、真剣にモンローを愛してはいた。だが彼は芸術家であり、精神科医でも看護師でもない。トラウマをかかえ、むきだしの神経に痛めつけられ、睡眠薬をはなせない女性は、彼の手にあまった。しかも不運なことにミラーはまもなくハリウッドの〈赤狩り旋風〉にまきこまれて仕事が激減したので、モンローの不安定な傷つきやすい心を汲《く》む余裕はさらになくなった。むしろ、妻に経済的に依存している自分を哀れみはじめた。

結婚生活というリアリズムの世界では、経済問題の占める割合は大きい。新しい愛の巣を豪華に飾りたてたいモンローと、倹約を善しとするミラーは、お金の使い方でことごとく対立した。ミラーには彼女の散財ぶりが、スターとして誇示しなければならない限度をはるかに超えているように感じられた。たしかにそのとおりかもしれない。モンローは持てる全てを使い果たしかねない勢いだった、まるで早死にすることを知っていたかのように。どうせ使いきれないお金だと、わかっていたかのように。

悪いことは続く。せっかくできた子どもを流産したのだ。ショックからモンローの薬物中毒はますますひどくなり、誰の目にも結婚生活の破綻《はたん》が間近いのはあきらかだった。ミラーは苦境にたつ。もともと悩みがあればひとりでじっと耐えるタイプなので、結果的にモンローを遠ざけ、寂しがりやの彼女を孤独と浮気に追いやることになってしまった。彼女はミラーを憎むようになる。自分を変えてくれなかった彼、そして自分を持てあまして去ってゆこうとしている彼を激しく憎む。そうはいっても、五年続いたこの結婚は、モンローにとって一番長く続いた結婚だったし、心根のやさしい彼女はいつまでも怒ったり憎み続けたりはできなかったのだが。

離婚後のふたりの人生は、あまりに違う。ミラーはモンローと別れて運をとりもどしたかのように、次々に傑作を発表して世界的名声と富を得たばかりか、自分にふさわしいインテリ女性と再婚し、子どもを作り、幸せな後半生を送った（享年八十九歳）。一方、モンローに残された年数は、わずか一年ちょっとである。つまりこの結婚は、モンローの人生において七分の一を占めているのに、ミラーの人生ではわずか十八分の一以下にすぎない。

長さが問題ではないが、それにしても……。

恋愛はとてつもなく短く、忘却はとてつもなく長い。（ネルーダ*）

30歳

マリア・モンテッソーリ*

（教育家。一八七〇～一九五二）


天は二物を与えず、というのは嘘だ。天から大盤振る舞いされたとしか思えない例のひとつが、このモンテッソーリである。

美貌《びぼう》と優雅さ、健康と長命、明晰《めいせき》な頭脳と才能、さらに上昇志向とカリスマ性を与えられて、彼女は十九世紀イタリアの裕福な家庭に生まれた。小学生のときすでに、自分は何ものかになるとの確信をもち、教師が子どもに読み聞かす偉人伝が、また一冊増えるだろうと言ってのけた。

モンテッソーリにあっては、女性差別という紅海すら目の前でなんなくふたつに割れ、道を通してくれるのだった。イタリアの女医第一号となり、国際婦人会議でスポットライトを浴び、二十八歳で国立精神障害児童施設をまかされた。ここでめざましい成功をおさめ（回復不能と思われた子どもたちの知力を伸ばした）、のちに世界の教育界を席巻《せっけん》することになるモンテッソーリ・メソッドの礎をうちたてる。三十歳でもう、国内随一の著名人になっていた。

なのにどうしたことか、いきなりすべての職を擲《なげう》ち、彼女は家にこもってしまう。あらたに普通児教育研究をしたいので、そのための勉強ということだった。まわりは信じた。なぜなら一年後、大学の哲学科に入り直し、教育学、心理学、人類学と意欲的に学んで、さらなる飛躍をとげるからだ。

だがもちろん、この空白期間には秘密があった。それを知っていたのは、母親と親友と同僚のモンテサーノ博士だけ。彼女は博士の子を妊娠したのだ。そして博士は、妊娠が判明するのと相前後して、別の女性と結婚した。

何があったのか？　ふたりは徹底して口をつぐんでいたので、真相は今もってはっきりしない。ただ、つゆくさのようにはかない恋があり、それが終わったのだろう。

生まれた息子は、ひそかに里子へ出された。十五歳になると、モンテッソーリは自宅へひきとり、みんなには甥《おい》と紹介した。この「甥」は理想的な秘書となり、もちろん理想的な息子だった。母を愛し、母の片腕となって仕事を手伝った。死ぬまで彼女を支え続けた。

こんなすばらしい息子がいれば、夫など必要なかったのかもしれない。彼女は生涯、独身をとおす。

晩年運もよかった。食べることの好きなイタリア女性らしく、中年からはやや太り気味にはなるが健康で、家族や支持者にかこまれて陽気に暮らし、海外旅行の準備をしているさいちゅう、まるでゼンマイが切れるようにコトリと亡くなった。少しも苦しまずに。

――幸せになる女性、言いかえれば最後に勝つ女性の特徴のひとつは、良い意味で計算できることにあるような気がする。つまり、一度の失敗で一生をだいなしにはしないと、決意をかためられる人間である。

モンテッソーリの一生が、経済的にも恵まれ、世界中に支持者をもち、あまつさえノーベル平和賞の候補に三度もなるほど名声に包まれ得たのは、若き日の妊娠という最大の危機を、知恵と勇気と、何より自己抑制によって乗り切ったからだ。あの時点でもし未婚の母であることがばれたら、時代が時代なだけに、永久に社会から抹殺されてしまったのはまちがいない。

短い恋より、長い栄光の人生を選んだのは、彼女のばあい正解だった。

無責任なヤジ馬としては、狂おしく恋に果てる女性の一生の方がおもしろいけれど。

人は常にその初恋へともどってゆく。（エチエンヌ）

31歳

ディアーヌ・ド・ポワチエ

（ヴァランティノワ公妃。一四九九〜一五六六）

男性はときとして、〈ピグマリオン型の恋〉にあこがれる。

ピグマリオンとは、ギリシャ神話に登場するキプロス王の名前で、彼はみずから造った彫像に恋焦がれ、とうとう女神アフロディテに生命を吹きこんでもらって妻にしたという。映画『マイ・フェア・レディ』の原作は、この神話が下敷きになっている（下品な花売り娘に教育をほどこし、彼女がレディに変身したとたん夢中になる言語学者が、つまりは近代のピグマリオンだ）。同じことを『源氏物語』の光源氏もしている。ふと見初めたかわいい少女を手もとにひきとり、長い年月をかけて自分好みの女性に育てあげ、我ものにした。

男性にとっては、大いなるロマンかもしれない。けれど女の目からは、どことなくいかがわしい。そうまでして男というものは造物主を気どりたいのか、それともそれは、自信のなさの裏返しなのかと疑う。逆の例はほとんど考えられない。なぜならたいていの女性は、こんな悠長な方法――将来ハンサムになりそうな少年を見つけ、思いどおりに仕込み、大きくなったら夫にする――を取りたがらないから。

とはいえ、はしなくもそれと似た状況におかれた女性はいる。四百五十年も昔のフランス。ヴァランティノワ公妃ことディアーヌ・ド・ポワチエがその人で、彼女の大成功例を見るかぎり、女性版ピグマリオンもなかなか悪くはなさそうだ。

名前のとおり月の女神ディアナ（＝ダイアナ）のごとく美しかった彼女は、三十一歳の子持ちの未亡人のとき、優美と知性そして家柄のよさを買われ、フランソワ一世から皇太子（後のアンリ二世*）の教育をまかされた。その教育には、男性としての勤めのノウハウまで含まれていたらしい。アンリはまだ十一歳。初めての女性にすっかりのぼせてしまう。正真正銘、のぼせっぱなしになる。

ふつう性愛の手ほどきをした年上の女は、やがて男が成熟すれば用済みになり、若い恋人や新妻に席をゆずると相場がきまっている。まして男が未来の国王なら、どんな美女もよりどりみどりだから、二重三重に不利であろう。ところがここに奇跡はおこった。親子ほどの年齢差をものともせず、彼女はアンリに君臨し続ける。アンリは一生ディアーヌに執着し続ける。ロマンスの何たるかを、先生は生徒にしっかり叩《たた》きこんだというべきか。

いや、それ以上に、ふたりの相性がぴったりだったということだ。前世からの縁という言葉を使いたくなるほど、彼らの関係は強固であった。アンリはディアーヌに求婚さえした。さすがにそれは許されず、彼は十四歳で、持参金めあての結婚をせざるを得なかった。相手はイタリアの大富豪メディチ家の娘*カトリーヌ（彼女が後年〈聖バルテルミーの大虐殺〉を首謀し、稀代《きだい》の悪女と呼ばれるようになったのは、夫からまったく顧みられなかったせいといわれる）。

この結婚は恋するふたりの間に、そよとの風もおこさなかった。王と同じ年齢のカトリーヌ・ド・メディシスは、うなるほどの金貨と千人ものお供をつれて輿入《こしい》れしてきたが、本人の容貌はぱっとせず、どんよりした目、半びらきの口、小太りの身体は、とうてい恋《こい》仇《がたき》に対抗できるものではなかった。王は王妃につぎつぎ十人の子どもを産ませたものの、それはただ後継者を作るという義務を果たしてのことである。彼はあいかわらず初恋相手にして最愛の寵姫《ちょうき》たるディアーヌのもとに通いつめ、どこへ行くにも同伴し、毎日会っているのになお熱烈な恋文を書き送り、高価な宝石類ばかりか、すばらしいシュノンソー城までプレゼントした。誰の目にも、宮廷のまことの女主人が王妃ではなくディアーヌなのはあきらかだった。

*ラファイエット作『クレーヴの奥方』の冒頭にも、こうある――「アンリ二世の御世ほど優雅さが貴ばれ、華やかに栄えたことはございません。粋でやさしく美丈夫な王自身、恋する君でした。王がヴァランティノワ公妃ディアーヌ・ド・ポワチエを見初められて以来、もう二十年あまりもたつというのに、その激しい恋心は衰えを知らず、今なおきわだった寵愛ぶりをお示しになるのでした」。

ディアーヌの美貌《びぼう》は、歳月の侵食に屈しなかった。現在とは栄養状態も衛生事情も異なり、寿命はくらべものにならないほど短かったこの時代、五十をすぎた女性はとうぜん老女である。なのに彼女は輝き続け、セクシャルであり続けた。魅力を失わない上手な年の取り方ができたのは、まれな幸運と、なにより彼女の努力による。どんな寒い日でも、肌の張りをたもつため、朝の冷水浴は欠かさず、健康に留意して、乗馬で体を鍛えていた。王といっしょになんども戦場へ同行したほど、彼女は丈夫だったのだ。その色白の肌は、病的な月光の蒼白《そうはく》さではなく、バラ色の頬と赤い唇をきわだたせる雪白だったからこそ、いつも身につけていた黒いドレスがひきたった。

あまりに年が離れているため、ディアーヌはアンリにとって母のような存在だったと思われがちだが、それは全然ちがう。彼女の凄《すご》さは、いくつになっても何年たっても、あくまで恋の対象として彼を魅了し続けた点にある。それはつまり、彼女自身が変わらぬ心で国王を愛したということに他ならない。恋愛は相互作用だから、片方の愛がうすれれば、遠からず終わりがくるのは必定だ。たがいに飽きなかったということ、たとえその長い年月の間には、燃える炎の細く消えかけた時期もあったかもしれないが、それでもなお相手に、そして恋する自分に疲れなかったというのは、実に驚くべきことではないか。

こうしてふたりの愛は不滅だった。しかし彼らの肉体はそうはいかない。

有名なノストラダムス*の予言が、アンリ二世に的中するときがきた（このころノストラダムスは、魔術を信じるカトリーヌ王妃に仕えていた）。

――若き獅子《しし》は老人に打ち勝たん
戦さの庭にて一騎討ちのすえ
黄金の檻《おり》の眼をえぐり抜かん
傷はふたつ、さらに酷《むご》き死を死なん。

アンリ四十歳。武芸に秀でた男っぽい彼は、祝宴の席で若い近衛《このえ》隊長に野試合を申し出る。ただの余興は、しかし一転、悲劇へなだれこんだ。隊長の槍《やり》の先が裂けてアンリの黄金の兜《かぶと》をつらぬき、片目に突き刺さる。傷は脳まで達し、王は苦しんだあげく九日後に絶命した。

騎士が死ねば、それまで崇《あが》められ奉仕されていた貴婦人は、たちまちその存在意義をなくす。ディアーヌの前に、宮廷の扉はかたく閉ざされた。愛よりも強い正妻という立場が、ほんらいの権利をとりもどし、これまでの恨みを晴らそうとする。カトリーヌ王妃はディアーヌに対し、王から贈られた品々の返却を要求した。シュノンソー城もとりあげた。これからは王妃と彼女の息子たちの時代なのだった。

だがおおかたの予想に反して、ディアーヌはそれ以上の報復を受けなかった。彼女が殺されずにすんだのは、アンリの死後、いっきょに老けこんでしまったおかげかもしれない。王妃にとっては、昨日までの恋仇が無力な年寄りになったのを見とどけただけでも、そうとうの溜飲《りゅういん》を下げ得たのであろう。

興味深いのは、その後のカトリーヌ王妃のファッションだ。王族の喪服は白ときまっていたにもかかわらず、王妃は断固として黒を身にまとった、それも終生。

もしかすると無意識のうちに、ディアーヌへ擬態していたのかもしれない。ディアーヌがはじめてアンリの前にあらわれたのは、黒い喪服の未亡人としてであり、それからも彼女は白い肌を誇示するため、黒を基調にしたドレスしか着なかった。黒はディアーヌの色だったのだ。

男の一生に女は災い、と言っては少し言いすぎだろう。だが災いが女の姿をとってあらわれることは、たしかに多くある。（ハンス・ツァンダー）

33歳

絵島

（江戸大奥大年寄。一六八一〜一七四一）

立身出世は、なにも男ばかりの夢ではない。女もまた権力をふりかざす快感は知っているし、能力があれば上を目指すのは当然のこと。

その意味でいえば、江戸城大年寄という女官トップの座についた絵島*が、権力欲を大いに満たされたのはまちがいないところだ。女性の地位がきわめて低いこの時代にあって、大年寄は直属の御女中や下女およそ千人をたばね、家老や大老にも匹敵する身分であり、城内に広い個室をもつばかりでなく、町屋敷まで与えられ、外出のさいには大名行列と同じく立派な駕籠《かご》に乗って、「下におろう、下におろう」と、奴《やっこ》に制し声をかけさせて進むのである。

とはいえ絵島のもともとの野望がこれにとどまるものだったかは、わからない。大年寄よりさらに上、女性最高位は、なんといっても将軍の母であり、ほとんどの大奥女中の夢はそこに尽きるわけだから、絵島もまた同じ夢を見なかったとはいえないだろう。

彼女は幼名をみさといい、下級武士の家に生まれた。利発で容姿にめぐまれ、舞踊にも秀でていたので、御家人の養女に出された。大奥女中となるには、御家人か旗本の娘でなければならなかったため、このまわりくどい方法がとられたが、当時としてはごくふつうのことである。首尾よく娘が出世したあかつきには、まわりも余禄《よろく》にあずかれるし、じっさい絵島のおかげで後年、兄弟や養父そして養子縁組みの世話をした人間までもが、高い地位にのぼることができた。

最初の奉公先は紀州藩、そこの姫君に仕えたものの、姫の死により職場を変え、甲州藩主（後の六代将軍家宣*）の側室お喜世の方（後の左京の方）の御女中となる。赤穂《あこう》浪士討ち入りの翌年、一七〇四年だった。すでに二十四歳。花の盛りの短い時代なので、殿の寵《ちょう》愛《あい》をうける可能性としてはラストチャンスだが、どれほど美しくても頭が切れても相性が合わなければどうにもならず、いわゆる〈お手付き女中〉にはなれなかった。若ければさらに次の将軍を待つこともできるが、絵島のばあいは間が悪く、次といえばこれから生まれる家宣の息子だろうし、いかにあがいてももう芽はない。

けれど逆にそのことが、左京の方の絶大な信頼へつながってゆく。愛妾《あいしょう》という立場は不安定で、いつ自分の腰元がライヴァルに変じ、殿の新しい寵を奪うかわからず戦々兢々《きょうきょう》だから、そんな心配をせずにすむ絵島のような存在は貴重だ。それに左京の方も、もとはといえば貧しい浪人の娘、出自において絵島と大差ない。ふたりはたがいに通いあうものを感じ、身分の差を超えた、女どうしの友情が生まれた。

いや、この関係は、利害の一致するぶん、友情よりなお強い。抜群の政治力と事務能力をもつ絵島がいてこそ、左京の方は安心していられるのだし、絵島にとっては、自分が側室になる望みのない以上、左京の方にいつまでも家宣の寵愛を維持してもらいたい。世継ぎを産み、次期将軍の母になってもらいたい。そうすれば自分は第二の春日の局《つぼね》*となって、大奥を思うがままに動かせるだろう。

五年後、徳川綱吉*のあとをついだ家宣がようやく将軍となり、同時に左京の方は待ちに待った男子を産む。絵島は四百石の大年寄に昇格し、この子、鍋松の養育にあたるとともに、どうしたら彼を世継ぎにできるか画策しはじめた。というのはすでに一年前、別の側室が男子を産んでいて、順番からいえば鍋松は不利だし、さらにもうひとり別の側室も懐妊中だったからだ。

邪魔を排除するのも、年寄たるものの勤めである。絵島がその勤めを果たしたからかどうか確証はないが、妊娠していた側室は流産によって家宣から遠ざけられ、先に生まれていた男の子は二歳を迎えることなく急死した。大奥中を噂がとびかったのは当然だろう。この結果で一番得をする人間が一番怪しい。まして時を経ずして絵島が、六百石の大年寄に取りたてられたのだから、なおさらだ。

毒殺はけっしてメディチ家やボルジア家の専売特許ではない。広大で薄暗い江戸城大奥もまた、嫉妬《しっと》と欲がらみの陰謀が渦まき、それぞれの勢力がそれぞれの侍医を抱きこみ、死をあやつっていた。数年前には、家宣の正妻が産んだふたりの子が早々と命を落としていたし、恨みを残して死んだ者たちの幽霊が、湿っぽい開かずの間あたりの長廊下を昼でも徘徊《はいかい》していた。女中の不審死が化け狸のせいにされて一件落着することもあり、うわべは美しく着かざりながら、女たちはみんな命がけで戦っていた。

ともあれ、左京の方の大勝利である。未来の将軍の母となった彼女は、他の側室たちはおろか公家出身の正室までも押しのけて、大奥に君臨した。その右腕たる絵島の権勢も並びなく、左京の方付き家老と同じ六百石という石高もすごいが、さらにすごいのは、勝者に群がる人々――娘に箔《はく》をつけるため御殿女中にあげたがる有力者の父親や、大奥御用達の看板がほしい商人など――から流れこんでくる多額の賄賂《わいろ》だった。まさに大奥ならではの贅沢三昧《ぜいたくざんまい》が許された。

ここへきて、さすがの絵島も気がゆるむ。長年、仕事に辣腕《らつわん》をふるい、仕事自体も性に合ってはいたのだが、来るところまで来たせいか、目標を見失ったのかもしれない。ふと自らをかえりみたとき、決定的に何かが足りない、そう感じたのだろう。一生奉公すると の血判を押し、女ばかりのいびつな世界は覚悟の上のはずなのに、このまま愛をかわす相手もなく生涯を終えるかと思うと、「遊びたい」という自然の欲求が、どうしようもなく高まるのを抑えきれなかった。

こうして、三十三歳の春、絵島は御用商人たちの接待を受け、これまで断ってきた歌舞伎見物に出かける。御殿女中の芝居通いは禁止されていたが、それはたてまえで、じっさいには宿下がりや寺への代参を利用して誰でもやっていることは、いわば公然の秘密だった。楽しみの少ない彼女たちへの目こぼしでもあろう。左京の方の許可を得た絵島にも法破りの意識はなく、おおぜいの配下の女中たちをひきつれた派手な観劇となる。

映画もテレビもないむかしのこと、歌舞伎役者は、いまの映画スターやミュージシャンをもしのぐ、圧倒的人気の的、憧《あこが》れの的であり、同時にまた彼らは、遊女と同じく客に金で買われる身とさげすまれてもいた。そのため絵島が、＊生島《いくしま》新五郎のほれぼれする舞台姿にのぼせあがったとき、役の上での彼と現実の彼を混同しただけでなく、自分ほどの権勢と財力があればいくらでも彼を自由にできる、と考えたとして不思議はなかった。

生島は四十三歳の男盛り。和事の、とくに濡《ぬ》れ場を得意としたが、荒事もよくこなし、團十郎とともに今後の歌舞伎界を背負《しょ》ってたつ期待の星と見られていた。人気実力を兼ねそなえ、こぼれるような色気をただよわせた彼を、絵島はさっそく桟敷《さじき》へ呼びつけ、酒をつがせた。芝居のはねた後は、あらためて山村座の座長に場を設けさせ、ふたりだけの夜をもつ。

この夜から、絵島にとって生島は一時の遊び相手ではなくなってしまう。金力で相手を自由にしながら、心の自由を奪われたのは彼女の方だった。女性らしい情緒を長くせきとめられていた反動もあり、生島との逢瀬《おうせ》だけが生きるに値するほんとうの人生と感じられるようになる。大年寄職の多忙さのあいまをぬい、あらゆる知恵をめぐらせて生島と会う機会を作った。めったに会えないもどかしさが、いっそう思いを募らせた。

皮肉にも、絵島の関心が急速に大奥政治から離れるのと機を一にして、政治地図は大きく塗り変えられようとしていた。在位わずか三年で、家宣が病死したのだ。気をひきしめねばならないのに、幼い鍋松が順当にあとをついで七代将軍家継*となったため、いっそう絵島は油断する。これで安泰と錯覚する。事実はまったく逆で、家宣の正妻を中心とした反・左京の方の面々は、幕府の財政建て直しに大奥改革をねらい、じっと絵島の失点をうかがっていたのである。もとより彼らが推す七代将軍は家継などではなく、紀伊家の吉宗*

（四年後、八代将軍につく）だった。

恋の甘い夢のさなかにいる絵島は、自分がねらわれているとも知らず、運命の日をむかえる。正徳四年一月十二日、芝増上寺へ左京の方の代参として参詣《さんけい》し、その帰り、またもおおぜいの女中をしたがえて山村座でにぎやかに歌舞伎見物、次いで座長宅へ移り、生島ら役者たちとともに酒宴をもよおし、浮かれて帰城の門限に遅れた。いつもならお咎《とが》めなしなのに、反対派の策謀で門はひらかず、入れろ入れないで悶着《もんちゃく》がおこり、これが致命傷になる。絵島は、左京の方がかばう間もあらばこそ、即時、逮捕されてしまう。

敵方の放ったスパイにより、すでに絵島の行状はことごとく――桟敷席のどこに座ったかということから、飲んだ酒の銘柄にいたるまで――調べつくされていた。誰でもやっている、という言い訳は聞き入れられなかった。絵島の有罪は既定事実で、敵は、大奥にはびこる奢侈《しゃし》や、歌舞伎役者をめぐる風紀の乱れを、この際一挙に叩《たた》きつぶすつもりだった。

逮捕からわずか二ヶ月後には判決が出て、なんと死罪二人、流罪九十人をふくむ百五十人の検挙者という問答無用の大粛清となる。なかには絵島と口をきいたことすらない下女やら、芝居小屋で呼びこみをしていたというだけの若者までまじっていた。七十年以上続いた山村座も廃絶、絵島に進物した御用商人たちは家財没収閉門、役者や台本作家たちも多くが芝居の道を断たれた。

生島新五郎への罰は、三宅島への遠島だった。二度と舞台へ立てないということだ。前途洋々たる未来がひらけていただけに、どれほどに無念だったか。絵島を愛していたならまだ諦《あきら》めもつくだろうが、おそらく彼女との関係は、断ることのできない接待のひとつでしかなかった。仮に百歩ゆずって絵島をいとしく思っていたとしても、全人生を賭《か》けるほどだったとはとても考えられない。絵島に目をつけられた瞬間、彼の破滅は定まったのであり、生島にしてみれば、彼女は疫病神以外の何ものでもなかった。

当の絵島はどうなったか。ほんらいなら死罪のところを免じられ、俵島へ遠島といったんは決まるが、左京の方の必死の裏工作によってさらに減刑され、信州高遠藩の内藤家おあずかりの身となる。罪人とはいえ、もし再び政変がおこったばあいは大奥への返り咲きもあるとして、はじめのうちはかなり大切に扱われた。そのうち家継が急逝し、吉宗の時代が来ると、彼女の復活はありえなくなり、藩士の古屋敷に監視付きで閉じこめられた。処刑されたり、厳しい離島生活で飢えたりしないですんだだけ、ずいぶんましとはいうものの、栄華をきわめた後の、しんしんと孤独な余生であった。多くの人々の恨み憎しみを一身に浴びていることも、じゅうぶん意識していたに違いない。ただひたすら写経をして日を送り、六十一歳まで生きた。

権高な、嫌な女であったろう絵島が、官能の悦《よろこ》びを知り、その悦びゆえに全てを失い、罪の意識を抱き、生島への思いをどんどん凝縮させてゆくうち、おそらくはまったく別の人間に変わっていったとするならば、この恋もまたひとつの貴い奇跡と呼べるだろう。惜しむらくは、彼女がついに自己を語ることなく生を終えたことである。『とはずがたり』の二条のように、宿命の上にひらきなおり、胸のうちをことごとく吐き出してくれていたら、ずいぶん絵島も魅力を増したはずだが……。

恋と復讐《ふくしゅう》においては、女性の方が男性より野蛮である。（ニーチェ*）

34歳

マリア・ルイサ

（カルロス四世妃。一七五一〜一八一九）

〈スペイン史上最悪の王妃〉という、ありがたくない異名をとるマリア・ルイサ*のその顔は、ゴヤ*の傑作『カルロス四世家族像』*で決定づけられた。つまり、とてつもない醜女《しこめ》として――。

十三人の王族がずらりならぶこの絵画（左端の暗がりには画家本人も立つ）は、構図としては平板なのに、恐ろしいほどのインパクトで見る者に迫ってくる。それは、きらめく勲章や豪華絢爛《けんらん》な衣装にもかかわらず、彼らの内面がいかに下劣で空虚か、いかに高雅と無縁かを、ありありと写しだしているからだ。ゴーティエ曰《いわ》くの「宝クジにあたったパン屋の一家なみ」は、まさに核心を突いていよう。近代を切りひらいたゴヤならではの、人間観察が冴《さ》えわたる。

とはいえ、ここにはやはり宮廷画家ゴヤのかすかな悪意、とりわけマリア・ルイサに対する悪意（彼女は、ゴヤの最愛の人アルバ公爵夫人と敵対していた）が働いていると言わざるをえない。当時五十近いマリア・ルイサは、上背のある、首から上だけが妙に老けた、つぶれたヒキガエルもかくやという、人好きしない顔に描かれている。きょとんとした、それでいて陰険そうな奥目、形のよくない唇、太くて長すぎる首にたるんだ二重あごの、どう見ても王妃らしくない雰囲気。ありとあらゆる宝石で飾りたてているため、なおさら美しくないことが強調されてしまう無惨。

美しくない王妃には、画家ばかりか歴史家も徹底して冷たい。彼らによれば、マリア・ルイサは鼻もちならない嫌味な女で、強欲で嫉妬《しっと》深くて気が強くて色狂いだそうだ。十一人の子どもたちのうち、夫の子は何人かわからないという。ナポレオン*の面前で彼女は、王位継承者たる自分の長男（後のフェルナンド七世*）に、「この私生児！」と毒づいたという。皇太子妃だった三十四歳のとき、十八歳の近衛《このえ》兵マヌエル・ゴドイ*に一目惚《ぼ》れし、彼を愛人にしたばかりか後には宰相にして、けっきょく国をめちゃくちゃにした元凶だという。

さんざんである。だがもし、彼女にマリー・アントワネット*ほどの気品があれば、これほど貶《おとし》められただろうか？

ふたりの王妃には、実は共通点がかなりある。生年はたった四年しかちがわず、アントワネットはハプスブルク家の、ルイサはブルボン家の、申し分ない家柄の出身。前者はオーストリアからフランスへ、後者はイタリアからスペインへと、比較的自由な宮廷から窮屈な宮廷へ、十五歳になる前に嫁している。ふたりとも贅沢《ぜいたく》好きで、身をかざることに余念がなかった。

また夫となった皇太子は、まるで同一人物かというほどよく似ていて、もっさりした大男、明敏とは言いがたく、政治にも異性にも無関心、狩猟と手仕事（一方は錠前作り、他方は靴作り）だけが趣味の、涙が出そうなほどの情けなさ。はやばやと夫にあいそづかしした彼女たちが、世継ぎを産んだあと愛人を作るのは、この時代さして非難されるべきことではなかった。

先代の父王の死によって王妃になった年齢こそ、アントワネット十八、ルイサ三十八と差があるが、不思議なめぐりあわせというべきか、ルイサが王冠を戴《いただ》いたのはちょうどフランス革命の年、一七八九年である。ともに玉座を追われる定めだったが、最期は明暗をわけた。アントワネットが断頭台で打ち首になったのに対し、ルイサは晩年亡命生活を余儀なくされたとはいえ、なんとか寿命をまっとうできた。

自慢のぽっちゃりした腕を見せびらかすマリア・ルイサ。右隣は国王。ゴヤ画

生前のふたりは大衆人気ゼロで、「淫売《いんばい》」とののしられていた。だが後世、アントワネットは「傾国の美女」だの「悲劇の王妃」だのと呼ばれ、愛人フェルゼンとの関係は「悲恋」へと美化され、ロマンのヒロインにまつりあげられた。マリア・ルイサの方は、あいかわらず一片の同情もよせられないままだ。いっしょに亡命し、死ぬまでそばにいた恋人ゴドイとの関係も、何やら薄汚いもののように決めつけられている。

だが曇りない目で見直せば、ルイサはけっしてアントワネットほど軽薄でも愚かでもなかった。何を着ても似合わないのに最新流行ファッシヨンを追う、というまちがいをおかしたのは確かだが、厳しい舅《しゅうと》（カルロス三世）のもとで、皇太子妃のころから王妃代理をそつなく勤め、時には彼のやり方に堂々と反論したほど頭はよかった。三世亡きあとゴドイを異例のスピードで出世させたのも、愛情からだけではなく、実力も見こんでのことだ。

事実ゴドイは手腕をみせ、「平和公」の称を得たり、ナポレオンとの同盟もむすんで、動乱のスペインを守るべく奮闘した。時代の潮流が革命へとなだれをうっていたので、けっきょくは亡命を余儀なくされたにせよ、ゴドイがいなければ、無能なカルロス四世は*ルイ十六世と同じく処刑されていたかもしれない。スペイン自体も、もっと早く、もっとひどい状態におちいっていただろう。

このゴドイの肖像も、ゴヤによって描かれている。軍服を着てしどけなく寝椅子によりかかる彼は、歌舞伎の二枚目風の甘い顔立ちながら、闘牛のようなエネルギーを放出している。ゴヤの『着衣のマハ』を壁にかざった（回転させると『裸のマハ』があらわれる仕組みだったらしい）彼の執務室の前には、いつも女性たちが押しよせていたといわれる。正妻はもちろんのこと、第二の妻とも呼ぶべき囲い者がいて、その他にも常時おおぜいの愛人を相手にしているとなれば、ルイサの嫉妬も並たいていではなかった。

彼女は自分が美人でないことを知っていた。肉体の中で唯一自慢できるのは、ふっくらして長い腕だけ（宮廷では誰も袖《そで》つき衣装を着てはならない、と命令したほど）だし、年もゴドイより十六も上だ。だがしかし、そんなことを吹きとばしてあまりある有利な条件が、王妃という地位である。この地位こそが、彼女を国で一番の女性にしているし、この地位のおかげで、どうにか彼をつなぎとめることができる。

ルイサは彼の女遊びに目をつむり、王家の血をひく女性を彼の妻に選んで箔《はく》をつけてやり、自分の子どものように彼の子どもをかわいがった。ゴドイなしには夜も日もあけないほど夢中だった。ときには人まえで痴話喧嘩《げんか》をし、ゴドイが彼女に平手打ちをくわせるという、とんでもない場面も目撃されている。それほどだったから、彼が遊びではなく本気で別の女性を愛したとき、恋は憎悪へと反転したのだ。もともと激しい気性のせいで、ルイサはあとさき考えられないほど怒り狂い、ゴドイを異端審問所へ訴えた。拷問死させてかまわないとまで、心を煮つめた。あまりに愛しすぎたため、いっそ彼がこの世にいない方がやすらげると思ってしまった。

とうに四十歳をこえ、しかも彼との関係も十年以上たってからの、この発作的行為である。幸いこの告発は、ゴドイの手腕を買っていたナポレオンの知るところとなり、政治上の理由からにぎりつぶされた。そうこうするうちルイサの胸に吹き荒れていた嵐もおさまり、奇妙な恋人たちは何ごともなく元の鞘《さや》へおさまった。おさまってみれば不思議なもので、ゴドイは自分を殺そうとまでした彼女の、妄執にも似た情の濃さに、一種、心打たれたらしい。

もしあのままゴドイが処刑されていれば、ルイサははたして生きてゆけただろうか。彼女のゴドイへの愛は三十五年間も続き、晩年の亡命生活中には、いくらか母性愛の様相を呈していた。腐れ縁という言葉に近い関係だったのだが、それでも好きな人のそばで死ねた彼女は、幸運というべきかもしれない。

妻に最初の愛人ができるのは、まちがいなく夫の責任だ。（ドストエフスキー*）

34歳

クララ・シューマン

（音楽家。一八一九〜一八九六）

クララ*とローベルト*・シューマンが大恋愛のすえ結婚にいたった経緯は、ドイツ中にスキャンダルをまきちらしたので、よく知られている。典型的なステージパパだったクララの父が結婚に激怒して、若い恋人たちを中傷する文書を関係者へ送りつけたり、クララの財産を差しおさえ、対抗手段としてふたりは父を裁判に訴えねばならなかった。

かくも揉《も》めたあげくの結婚なのに、クララにとってはそう幸せとは言いかねた。いまでこそローベルトはロマン派の代表的作曲家として名高いが、当時は「天才女性ピアニストの夫」でしかない。生活能力のとぼしい彼の年収は、妻が一回の演奏旅行でかせぐ額より少なかった。にもかかわらず（だからこそ？）彼はクララに、献身的な主婦の役割をつよく求めてくるのだった。

一家の大黒柱として、母親のごとくやさしい妻として、且つ一流の芸術家として、クララは何年も超人的努力をつづける。しかし流産をふくむ十回の妊娠（けっきょく育てあげたのは七人）や、年々ひどくなるローベルトの精神的不安定が、重い負担となってのしかかり、我慢も限界に近づきつつあった。そんなときである、ブラームスがあらわれたのは。

後年、長女マリーがこう書いている、「呼び鈴が鳴ったので、走ってドアをあけると、絵のように美しい顔をした、長い金髪の青年が立っていた」――二十歳のヨハネス・ブラームスだ。写真が今に残っているが、マリーの言うとおりのハンサムぶりで、晩年のヒゲもじゃで気むずかしげな肖像とは似ても似つかない。

若いブラームスには、ドアをあけたかわいいマリーこそ、つりあいがとれるはずだった。けれど「娘、麗しければ、その母、さらに麗し」で、ブラームスの胸をかき乱したのは、彼より十四歳も年上の、その母クララの方であった。年齢差はまったく気にならなかったと思われる。なぜならブラームスは、父二十七歳、母四十四歳のときの息子なのだ。

そしてクララは、とうぜん夫とブラームスを比べたであろう。年々ひどくなる鬱《うつ》症状のため才能が枯渇しつつあるローベルトと、「若鷲《わし》」のような、「巨大なナイアガラ」のような輝かしき天才ブラームスを。自分を支配しようとする下り坂の男と、自分を女神のように崇《あが》めてくれる上り坂の青年を。しかもこのときの彼女は、またも望まぬ妊娠がわかったばかりで、たえまなく子種を植えつける夫への怒りもくすぶっていた。

ブラームスが登場してからの急展開は、どれが原因でどれが結果かわかりにくい。おそらく表に見えているよりずっと複雑な、三者三様のなまなましい感情が渦巻きもつれあって、行くべきところへ行きついたというべきだろう。

ともかく、まずブラームスが来た、ピアノソナタをたずさえて。たちまち意気投合した三人は、ほとんど毎日、音楽を語りあい演奏しあって過ごした。ローベルトは音楽雑誌にこの若者を紹介し、先の「若鷲」「巨大なナイアガラ」という形容で絶讃した。完璧《かんぺき》な三位一体状態は、しかし半年後、早くも崩れ、ローベルトの状態が最悪になる。妻とブラームスのあいだを疑ったせいかもしれないし、単に病気が進行しただけかもしれない。結婚指輪を捨て、ライン川へ身を投げた。救助はされたが、そのまま精神病院へ入院（そこで二年半後に死ぬ）。直後にブラームスが、同じアパートメントの一室に越して

クララ・シューマン

くる……。

クララはからずもまた噂の的だった。夫が入院して四ヶ月後に生まれた男の子は、ブラームスの子だとささやかれた。入院中、一度も夫を見舞わないのを非難された。上の女の子たち三人全部を寄宿学校へ入れたのは、ブラームスとの甘い生活にじゃまだからだろうと疑われた。

どんな悪口を言われても、クララが幸せだったのはまちがいない。精神的にも肉体的にもたいへんで、やつれ気味の彼女が、ブラームスのそばにいるときだけは生き生き見えたと、多くの人が証言している。若い恋人を支えに、日々をのりきっていたのだ。彼女にとっては、大いなる祝福とも呼ぶべき恋である。

おそらく求婚もされたはずだが、ついに応じなかった。恋愛はロマンティシズムでも結婚はリアリズムだと（ちなみに子育ては〈クソリアリズム〉だとの説あり）、いやになるほど思い知らされたクララが、二の足を踏んだと思われる。それでよかったのかもしれない。ふたりの交流は死ぬまで続いた。最初は溶岩流のように熱く、次いでゆったりした大河に、やがて透明なせせらぎとなって、長く、長く、四十年以上も。

ブラームスは生涯、独身を通した。晩年、クララが孫の問題で経済的に逼迫《ひっぱく》したとき、それと察した彼は、愛と思いやりにあふれた手紙をそえて大金を送ってきてくれた。老いてなお、王女をまもる騎士でいてくれた。亡くなるのも、クララの死の翌年である。まるで追うように。

——女性なら誰しも、自分のブラームスがほしくなるほどだ。けっして去ることのなかった、理想の恋人。

39歳

アガサ・クリスティ

（推理作家。一八九〇～一九七六）

ほどほどに愛しなさい。長つづきするのは、そういう恋だ。（シェークスピア）

『アクロイド殺人事件』で名探偵ポワロを生みだし、世界的人気作家の道を驀進中《ばくしんちゅう》のアガサ・クリスティは、がんばりつづけてきた自分への褒美として、長期休暇をとることにした。

親切な旅行業者と綿密な計画をねり、ゆきさきを西インド諸島と決めて切符を買い、ホテルも予約し、さて、あとは旅立つばかりという段になって、ぐうぜん知人から中近東の魅力を聞かされる。ただちに彼女は——旅行業者の反対をおしきって——西インド諸島をキャンセルし、バグダッドへ向かった。

こんな気まぐれは、アガサの一生でも実に異例のことだ。のちに彼女はこのときの奇妙な変更を、「運命的」と呼んでいる。

バグダッドで彼女は、古代都市ウルの発掘現場を見学させてもらった。遺跡調査のおもしろさに目覚めたのと、ぜひまた参加するよう誘われたこともあり、翌年、ふたたび同地を訪れる。マックス・マローワン*と出会ったのは、このときだ。

マローワンはオックスフォード大学出身、新進気鋭の考古学者で、いかにも学究肌の、もの静かで内省的な、どこか浮世離れした青年だった。今回の発掘は、後年ナイトにも叙せられ考古学の権威となるマローワンにとって、記念すべき発掘調査のスタートにもあたっていた。六千年前の文明にしか関心がないと思われていた彼が、離婚して子どものいる十四歳も年上のミステリー作家に夢中になるなど、誰に想像できたろう。アガサ自身、はじめは自分たちを〈ふつりあいのカップル〉と見なしていた。

それより何より彼女は、もうけっして恋などしたくないし、できないと思いこんでいた。それほど二年前の離婚の痛手が大きかったのだ。熱烈に愛しあって結ばれた夫婦だっただけに、破局はアガサを臆病《おくびょう》にしていた。

前夫クリスティ大佐は、どきりとするほど美貌のレディキラーで、若いころダンスパーティで知りあったアガサは、たちまち恋におちたのだった。まもなく結婚し、一女をもうけたものの、大佐はやがて愛人をつくって家を出てしまう。直後にアガサは、いわゆる

「謎の失踪《しっそう》事件」をおこし、マスコミの格好の餌食《えじき》になった。

この事件は今にいたるも真相はわからない。ただし経過については、秘書などの証言から かなりはっきりしている。アガサ三十六歳の、十二月四日、母親を亡くしたばかりで精神的に不安定だった彼女に、追いうちをかけるように、夫が別の女性のもとへ走ったという知らせがとどく。その夜九時、アガサは習いたての車を運転して、自宅スタイルズ荘を出る。翌日、車が断崖《だんがい》の上で横転しているのが発見され、秘書からの連絡をうけた夫が急遽《きゅうきょ》もどってきて、警察やマスコミの対応にあたる。

大騒動だった。十二月七日、新聞はアガサの顔写真を(変装の可能性もあるからと、ヘアスタイルやメガネなどの小道具で何種類も作って)載せ、情報提供者への謝礼金に百ポンド出すと発表した。彼女が結婚指輪をおきすてていったこともわかり、自殺説、はては夫による他殺説まで出た。十日、クリスティ大佐はインタビューに答えて、妻が自殺するなど考えられないと、暗に自分への嫌がらせをほのめかせた。何百人もの警官、潜水夫や警察犬、占い師まで動員されたがアガサの行方はつかめない。

十三日、某ホテルの従業員が謝礼金を要求してきて、事件はあっけなく解決する。何のことはない、アガサは九日間ずっとそのホテルに泊まっていたのだ。有名税とはいえ、個人的な夫婦喧嘩《げんか》がここまで拡大されたのに、さぞ怖《お》じ気《け》をふるったであろう。内気な彼女はこの先いっそうのマスコミ嫌いになり、自己を語ることはめったになくなる（自伝でも、「失踪」については口をつぐんでいる）。事件のしめくくりとしては、自動車事故のショックで一時的記憶喪失になっていた、とのコメントが出されたが、世間を納得させたとはいえない。

大佐との関係も好転しなかった。ごたごたを清算するのにさらに一年半かかり、十四年の夫婦生活にピリオドが打たれる。女性にとって離婚はたいへんな恥とされていた時代だし、大佐がすぐ幸せな再婚生活へ入ったのも、元妻の立場からはやりきれなかった。彼女が男性に不信感を持ったのも、無理からぬことである。

そこへ「運命的」にマローワンがあらわれた。前夫のように女たちの胸をかき乱すタイプとはちがうが、しかし年齢がひらきすぎているので、いつかまた裏切られるのではないか。アガサは迷いつつ、それでも魅《ひ》かれていった。彼の仕事へのひたむきな取り組み方や、

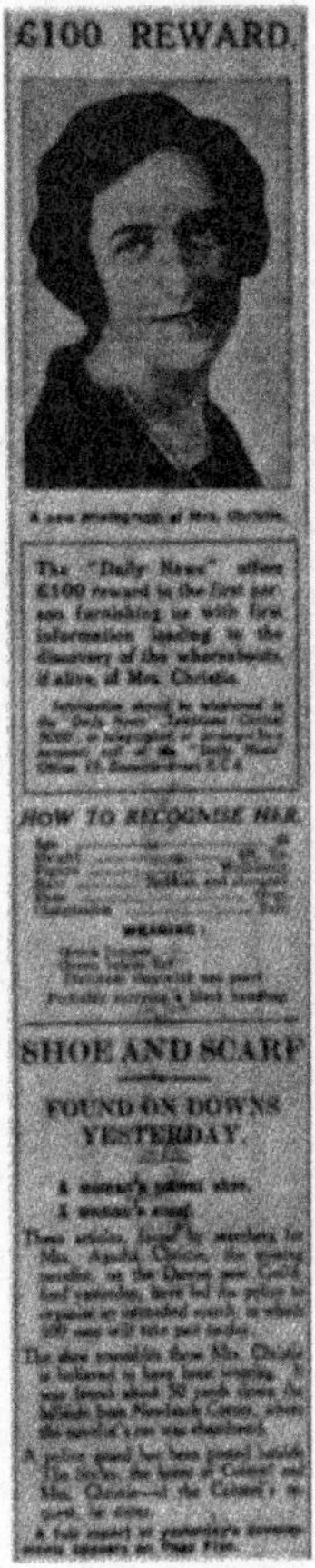
£100 REWARD.

HOW TO RECOGNISE HER.

SHOE AND SCARF

FOUND ON DOWNS YESTERDAY.

行方不明者として新聞公開されたクリスティ

おだやかな、包みこむような愛情に、硬い心もしだいにほぐれていった。

ウルでの発掘作業が一段落してアガサが帰国するとき、マローワンは同伴を申しでる。ふたりはオリエント急行に乗りこみ、五日間の旅のあいだに結婚を決めた。このロマンティックな国際列車には、今後毎年のようにいっしょに乗ることになるだろう(もちろん有名な『オリエント急行殺人事件』も生まれる)。

アガサの心配はどれも杞憂《きゆう》に終わった。ふたりは四十六年におよぶ満ちたりた結婚生活をおくり、ともに別々のジャンルで比類ない名声を得た。富も。

年の差など何だろう。彼らは結婚証明書に、新婦三十七歳(じっさいは四十歳)、新郎三十一歳(同二十六歳)と嘘の記載をしたものだったが、後年アガサはこう言うのだ、夫として考古学者ほどいいものはない、妻が古くなればなるほど価値を見いだしてくれるから、と。

つづけばいいのか。いっときの燃焼が、なぜ持続に劣るのか。（ロラン・バルト*）

41歳

イザベラ・バード

（探検家。一八三一〜一九〇四）

イザベラ・バード*はおさないころから、脊椎《せきつい》の病気（身長一五二センチ足らずだったのは、そのせいもあるかもしれない）による背中の痛みに悩まされていた。

にしても、三十代後半から数年続いた絶不調には、生活の変化や早期の更年期障害が関係していたと思われる。母と妹とのエジンバラでのおだやかな三人暮らしが、母の死、そして妹の転居によって急にさびしくなったこと、また、それまで父亡きあとの家族の精神的支柱役をひきうけ、裕福な中産階級の「スピンスター」（＝オールドミス）として慈善活動をおこなったり、インテリとして雑誌に論文を発表するなどがんばってきたのが、次第にむなしく感じられはじめたこと。それらの重なりが、耐えがたい背中と喉《のど》の痛み、不眠と抑鬱《よくうつ》症状になってあらわれたのだろう。

医者は山ほど薬を処方したうえ、脊椎が重い頭を支えられないのが原因だからと、座るときには金属製のコルセットをつけさせた。なおまだ改善しないと、こんどは一日中ベッドに伏せっているよう命じ、最後は匙《さじ》を投げたか、転地療養をすすめた。四十歳のイザベラは、こうしてオーストラリアへ旅立つことになる。

ところが半年ほどメルボルンで過ごしても、回復しないどころか悪化するばかり。妹への手紙に曰《いわ》く、「神経痛で手足が針に刺されているみたいに痛むし、疲れやすいし、目は充血し、喉が痛み、耳のうしろが腫《は》れ、頭もどんよりしています」。

ここにいてもしかたがないと帰国を早め、彼女はサンフランシスコ経由の蒸気船に乗った。一八七三年一月のことだ。航海二日目、太平洋上で猛烈なハリケーンが襲ってくる。さかまく波と風雨に、老船は木の葉のようにもてあそばれ、今にもばらばらに解体されかける。船員が懸命に船を守るあいだ、乗客たちは死を覚悟し、甲板室でよりそって神に祈った。祈りは通じて、翌日、嵐は去ったが、別の恐怖が待ちうけていた。塩水に洗われた船内が、ゴキブリやゾウムシやネズミの跋扈《ばっこ》するひどいありさまになったのだ。

上品な生活を送ってきた「病弱な」イザベラ・バードの運命や、いかに——。

心配無用。なんと彼女は、この生死の境で生まれ変わる。彼女のなかの野性が目覚める。

死の危険は彼女にとって、人生をきらめかせる必須《ひっす》アイテムとわかる。沈没さわぎで薬を飲むどころでなくなって以来、薬そのものがどうでもよくなる。パンに蟻がたかっていても平気になったし、ゴキブリはスリッパで叩《たた》きつぶした。世界は「まるで新しくなったよう」だった。自分の体調にしか関心なかった彼女が、おんぼろ船上をいきいき動きまわり、病人の看護を買ってでたり、輪投げ遊びにも興じた。もちろん帰国する気持ちなど、すっかり失《う》せてしまう。

こういうことがあるから、人生はおもしろい。女性探検家のパイオニアは、ここに誕生した。イザベラ・バードは今後七十歳まで何度も大旅行を、それも当時秘境とされた場所への大旅行を敢行し——アメリカ山岳部、日本、中国、インド、チベット、ペルシャ、トルコ——、つぎつぎに旅行記を書いて——『ロッキー山脈踏破行』『日本奥地紀行』『朝鮮奥地紀行』——ベストセラーにし、いくつもの講演をこなし、ヴィクトリア朝時代でもっとも有名な女性のひと

イザベラ・バード

りになる。

旅と旅のあいまには必ず祖国へもどったが、奇妙にもイギリスでのイザベラはやはり半病人だったらしい。あちこち痛むと不平をもらし、医者にもかかり、ぐったりイスにもたれて人と会うため、みんなは弱々しい彼女がどうやって男のように馬にまたがり、深山をわけいってゆけたのか、ノミ、シラミにも負けず、伝染病にもかからずにいられたのか、想像もつかなかった（逆に、探検中の姿しか知らない人は、彼女が病弱とは信じなかった）。小柄でも肩幅はひろく、後年ハンプティ＝ダンプティふうに丸々し、「トラなみの食欲にダチョウなみの消化力をそなえている」とあきれられたほどなので、体質的には頑健だったということか。

それはともかく、ハリケーンから逃れた時点へもどろう。イザベラはサンドイッチ諸島（現ハワイ）で船を下り、六ヶ月間、現地人の生活を調査してから北米へわたった。ロッキー山脈を馬で踏破するつもりだった。あらあらしく男性的な西部の世界を、ほんの二、三人の雇い人をつれたイギリス人のレディが進んでゆくのだから、たちまち評判になり、行く先々でめずらしがられ、親切にしてもらえた。もちろん大自然に命を脅かされる場面も少なくなかった。一度など、山中でとつぜん熊が前を横切り、馬がおびえて、ふりおとされてしまう。軽いケガですんだのは、強運のおかげだろう。

四十二歳の誕生日は、狼の遠吠《ぼ》え聞こえる丸太小屋でむかえた。すでに恋をしていた。相手は、つい二週間前に知りあったばかりの〈マウンテン・ジム〉ことジム・ヌージェント。カナダ生まれのアイルランド人で、アメリカ軍に雇われて入植者をインディアンからまもる仕事で活躍し、かつては勇名を馳《は》せたものの、いまは酒浸りの山男である。熊と格闘して片目がなかったが、彫りの深い端正な顔、耳に心地よい声で、イザベラの心を虜《とりこ》にした。ジムの方も、優雅でありながら根性のすわった彼女に惹《ひ》かれた。おたがい文明社会にはなじみにくい者どうし。魂のどこかが響きあう。

やがてイザベラは、アメリカのマッターホルンと異名をとる、標高一万四千フィートのロングズ・ピーク登攀《とうはん》を企て、ジムにガイドをしてもらうことになった。この冒険が、中年男女の距離をいっそう縮める。行程はきびしく、高山病にかかったりしながら、星空のもとキャンプをはり、焚火《たきび》を前に共に歌をうたったり、ジムが朗読する自作の詩に聞きほれたりと、ロマンティックな夜々を過ごした。彼女は「手を血で染めてきた、ならず者」の寝顔に見入りながら、この世の不思議を思っていつまでも眠れなかったと書いている。

山を下りてから、ジムは愛を告白した。イザベラは「全身が震え、泣きだした」。どうしようもないのを知っていたからだ。彼女は破滅型ではない。いくらジムが教養あり、セクシーで話し相手として最高でも、「常識のある女性なら結婚相手として考えられなかった」。まさか淑女の彼女がロッキーに住めるわけもなく、紳士ならぬ彼がイギリスで暮らせるはずもない。これはあらかじめ別れの定まった恋、ほんの束の間だけの恋なのだ。

イザベラはできるかぎり帰国をのばした。語りあっても語りあっても、語りつくせなかった。ジムは自分の人生がどこかでねじまがってしまったことを後悔し、彼女は酒の飲みすぎを諌《いさ》め、やり直してほしいと頼んだが、答えは、「もう遅すぎる」だった。二ヶ月後の十二月末、ついにイザベラは出立を決意する。「また会おう。絶対会わなければ」とジムは言い、ふたりはかたく約束した、万一どちらかが死んでも、かならず、霊になってでも、会いにゆくという約束を。

なぜそんな約束をしたのだろう。まるで二度と生きては会えないと感じとっていたかのようだ。事実、そうなる。しかも思いのほか早く、わずか五ヶ月後に。

ジムは、以前から近くの宿の主人と、きわめて険悪だった。それが一触即発状態まで高まってきたのに、わざわざ宿の前を馬で通って、ポーチにいる主人を刺戟《しげき》した。かつてイザベラが滞在していた宿だったので、なつかしんで近づいたのかもしれない。だが主人はいきなりジムにむけて、散弾銃を浴びせかけた。弾は小脳まで達し、即死ではなかったが、病院へ運ばれてまもなく死んだ。まさにイザベラが心配していたとおり、無法者の死を死んだ。

けれど彼は、愛する人との約束は守った。ちょうど同じころイザベラは、スイスのホテルにいた。本を読んでいると、部屋の中にふいにジムがあらわれ、彼女にむかって二度お辞儀をして消えたという。

人生最大の幸福は愛されること、それも自分が自分であるゆえに愛される、いやむしろ、こんな自分にもかかわらず愛される、そう信じられることである。(ユゴー*)

42歳

マリー・ローランサン*

(画家。一八八五〜一九五六)

ローランサンといえば、詩人ギヨーム・アポリネール*との恋が有名だ。

ふたりと親しかったアンリ・ルソー*が、『詩人に霊感をあたえるミューズ』のタイトルで彼らの(ちっとも似ていない)肖像画を描いたことも、よく知られている。

若き日の、五年の恋。この間アポリネールは、ミューズたるローランサンからおおいに霊感を得て、彼女に連日詩をささげた。彼女を世に出すべく、「ピカソに匹敵する女性画家」と美術評論で誉めまくった。関係が終わったときの哀切な詩——「ミラボー橋の下をセーヌ川が流れ/われらの恋が流れる」——もまた、ふたりの恋を伝説化するのに寄与している。

マッチョなアポリネールにとっては、さぞもどかしい関係であったろう。「あどけない」ローランサンは、仔鹿《こじか》のように、つかまると見せてはすぐ身をひるがえし、ふつうの女性とはどこかしら違った、とらえどころのなさがあった。いっしょに暮らしたいというアポリネールの望みは拒まれた。その中性的な不思議な魅力がどこからくるものか、彼にはまだはっきりわかっていなかった。

なかなか進展しないまま恋は腐りはて、ふたりは寂しさを埋めるようにそれぞれ別の相手と結婚する。男爵夫人となったローランサンは、アポリネールからもらった手紙や詩の束をベッドにしのばせ、寝ていたといわれる。まだ彼を愛していたからか、究極のナルシシズムかはわからない。どちらにしても結婚生活は長続きしなかった。八年後、ひとりになった彼女は、まるで男性という軛《くびき》から解きはなたれた喜びに舞うごとく、名声と経済的成功の階段をめざましい勢いでかけあがってゆく。ココ・シャネル*など華やかな社交界人士の肖像画家としてひっぱりだことなり、バレエの舞台美術を担当し、画集を出す（後年、最高位であるレジオン・ドヌール勲章まで手にする）。

こうしてほんとうの意味で自立したとき、彼女は「牡牛《おうし》くんたちはもうたくさん。わたしは気のあう女性たちと暮らしたい」と書いた。アポリネールに対しても、夫に対しても感じつづけてきた違和感を認め、やさしい柔らかな少女たちこそ自分が求めていたものだとする、これはカミングアウトである。

ああああわした砂糖菓子みたいなローランサンの後期作品群には、粗野なところはみじんもない。ソフトで甘い色あいや静止したポーズも、平和そのものだ。けれど女だけの閉ざされた世界、けだるく寄りそうふたりの女性（しかもそのひとりは上半身裸のことが多い）というローランサン独特の世界からは、かすかに排他的《はいたてき》な香りが漂ってくる。じゃまな男（牡牛くん）たちが注意深くしめだされ、けっして桜色のこの世界へは入れてもらえないのもとうぜんだ。

サマセット・モーム*がローランサンの絵を好み、何枚も購入して自宅に飾っていたという事実はおもしろい。モームもまた、結婚して子どもを作ったあとで、自分は同性愛者だと悟った人間である。ローランサンの作品に一刷けされた、同性どうしのとろけるような肉体表現に、共鳴するものがあったのかもしれない。

晩年のローランサンは、おおぜいの美少女をまわりにおき、身体を洗ってやったり服を着せてやっていると噂された。おそらくレズビアンへの偏見が、グロテスクな想像をかきたてたのだろう。信用はできない。なにより彼女には、生涯の恋人シュザンヌ・モローがいた。二十歳の彼女を、四十二歳のローランサンが見初め、家に招き入れたのだ。それから三十年、実質上の夫婦は、死によって分かたれるまでともに暮らした。表向きシュザンンヌは家政婦だった。やがて養女になり、〈母〉の死をみとる。

どことなくピノキオみたいな顔のローランサンは、若いころには精彩があったが、年をとるにつれてふつうのおばさん風になってゆく。一方シュザンヌは、少女っぽい雰囲気の目の大きな女性で、ローランサン描く三十五歳ころの彼女の肖像画を見ても、なおまだあどけなさを残している。歳月に漂白されることなく、いつまでも変わらないタイプだったらしい。永遠の乙女。いかにもローランサン好みの。

シュザンヌは、ローランサンの遺産を相続し、作品を管理したため悪者あいつかいされ、下品だの凡人だのとさげすまされている。まったく余計なお世話である。彼女はアポリネールのように詩を捧《ささ》げることこそしなかったけれど、ローランサンを長く幸せにした、まことの恋人だったのだから。

44歳

恋愛は人生の花であります。いかに退屈であろうとも、このほかに花はない。
（坂口安吾*）

アネッテ・フォン・ドロステ＝ヒュルスホフ*
（詩人。一七九七〜一八四八）

ドロステ＝ヒュルスホフ*は、ハイネ*と同じ年に生まれた。ただし彼とちがい、生前はほとんど顧みられなかった。詩作をはじめたのも遅いし、作品が認められたのは、死後ずいぶんたってからである。

それでも彼女の願いは――「有名になりたいとは思わない。でも百年後にも読まれる詩人でいたい」――かなえられた。百五十年後の今なお、ドイツ最高の女性詩人と讃《たた》えられているし、ユーロ札に変わる前の、二十マルク紙幣の顔でもあった。本人が知ったら、どんなに喜ぶことか。

「運命とは、その人間の性格の謂《いい》である」と言われる。たしかに、もって生まれた性格が、そのときどきの選択や決定をうながし、ひいては運命自体を動かすとも考えられよう。その意味でいえば、彼女の一生の大半は、彼女の性格にふさわしいものだった。現代のわれわれから見ると、孤独で単調で灰色がかって、まさに絵にかいたような修道女的禁欲生活。ミュンスター近郊ヴェストファーレンの、ヒュルスホフ城に生まれた彼女は、信仰心のあつい両親に育てられた。姉や弟たちもいたが、病弱なせいで特にかわいがられたらしい。行動範囲はせまく、ケルンやボンといった近場へ旅するくらいで、ほとんど城に閉じこもり、書物を友として暮らした。石だのブローチだの、小さなものをコレクションするのが趣味だった。

階級も宗教も同じでなければ結ばれないこの時代、なまじな貴族の娘は、庶民の娘より結婚難に直面した。ヒュルスホフのまわりに、身分のつりあう相手はいなかった。親の財政状態が悪ければ、むりに修道院へ入れられた可能性だってある。けれど彼女は不運を社会のせいにはしなかった。

「わたしの心に不幸が巣食ったのは、自分のせいです」と、まだ二十二歳のとき、知人への手紙に書いている。少女のころ、菜園から森へとどこまでもつづく一本道を歩く夢を見た、目がさめて、もうその道は歩けないと思うと悲しくて、いつまでも泣いていた。そんなふうに、現実でない場所、手に入れてもいないものへの執着に苦しめられる、それこそが不幸の原因なのだ、と。

自己を冷静に分析するこの態度、そしてどことなく不気味な夢の描写は、写実性とロマン、するどい自然観察と神秘主義の融合した、彼女の作品に通底している。繊細すぎる心身には、現実の世界は生きにくい。

それにしてもヒュルスホフはほんとうに、その道を歩けないことが悲しくて泣いたのだろうか。むしろ、さびしい果てしない一本道が、まるで自分の人生そのものを暗示しているようで、それでやるせなくて泣いたのではないのだろうか。その道こそが「手に入れていないもの」だと自分に言いきかせたがっているけれど、実際には、別の道に、別の道にあるはずの何かに、彼女は執着しているのではないか。

「恋を知らないヒバリ」を歌っているうち、いつしかヒュルスホフは四十四歳になっていた。庇護《ひご》してくれていた両親も亡くなった。

貴族の独身女性、しかも親のいない病弱の中年となると、身内の世話になるしかない。住みなれた城を出て、姉の嫁ぎ先ボーデン湖畔メールスブルクへ移らねばならなくなる。ヒュルスホフのこれまでの詩作は、ヴェストファーレンの特異な自然（同時代のある作家曰《いわ》く、「ここはすべてが永遠に見える不思議な土地だ」）から生まれてきたようなものだったから、転居にはあらゆる勇気をかきあつめねばならなかった。

決死の思いでやってきたメールスブルクの古城（ドイツ最古の城といわれる）で、だが彼女は生まれてはじめて恋を知るのだ。あたかもそれは、たいせつなものを捨ててからでなければ、あらわれ出ることを禁じられていた秘密の小道のようだ。ではもっと早く捨てればよかったのか、こんなに年をとる前に。

いや、彼女が二十代のときなら、恋はけっして生まれない。なぜなら相手のシュッキングは、ヒュルスホフより十七歳も年下だった。

アネッテ・フォン・ドロステ＝ヒュルスホフ

レーヴィン・シュッキングは（今ではもう忘れられた存在だが）作家で、当時、メールスブルク城で司書をしていた。年齢差を超えて、ふたりは文学という絆《きずな》で結ばれる。肉体的にも結ばれたかどうか、それはわからない。外からは、静かで地味な恋だった。地味であろうと、これが彼女の人生唯一の花だったし、花とは何か知らない多くの人たちがいることを考えれば、やはり稀《まれ》なる幸運と呼べよう。

それにヒュルスホフの内面は、静かどこ

ろではない。はじめて現実の、なま身の男性に恋したとき、抑制されていた創造力が一気にあふれでる。シュッキングが若い女性と結婚するまでの二年間が、質的にも量的にもヒュルスホフの執筆のピークになる。詩ばかりではない。これまで幾度も試みては挫折《ざせつ》し、最後まで書き終えることのできなかった散文作品も、やっと完成させることができた。その小説『ユダヤ人のブナの木』は、写実主義を切りひらいた傑作として、現在に読みつがれている。

かくもゆたかな生産をうながした恋が、熱くなかったはずがあろうか。

恋は遅く来るほど烈しい。（オウィディウス*）

45歳

エカテリーナ二世
（ロシア女帝。一七二九〜一七九六）

絶大な権力を手にすると、女性もまた愛欲において男性と同じことができるという格好の見本が、エカテリーナ二世*だ。

愛人の数三百人と噂され（じっさいは二十一人らしい）、孫のニコライ二世*から「王冠をかぶった娼婦《しょうふ》」とののしられ、本人自ら「愛なしではいっときもいられない」とぬけぬけと言ってのけた彼女は、その破格のエネルギーとたぐいまれな政治力で、ロシアをヨーロッパの強国におしあげた、ピョートル大帝*とならぶ絶対君主である。

意外なことに、エカテリーナの身体には一滴もロシア人の血は入っていない。ドイツ小貴族出身で、さまざまな偶然の重なりによって、十四歳のときロシア皇太子妃候補にあげられ、当時の女帝から、その美しくないところが気に入られ（利発さと野望はうまく隠した）嫁いできたのである。

結婚生活は、夫のあらゆる意味での無能さゆえに、不幸きわまりなかった。八年たっても子どもができなかったため、彼女は宮廷公認の愛人をもち、あとつぎを産む。このハンサムな愛人は、役目を果たしてホッとしたように国外へ去った。失恋した彼女は、その後も何人か相手を作り、さらにもう一人子どもを産んでいる。夫婦仲は年々悪くなる一方だった。

やがて即位した夫は、エカテリーナを遠ざけたがるが、彼女にしてみれば何のためにこれまで我慢し、必死にロシアについて学んできたかと思う。じゃまなのは夫の方だ。彼を始末しなければならない。こうして憎みあう夫婦は命を賭《か》けて戦い、三十三歳の彼女が勝つ。夫を殺してようやく王座を手にしたエカテリーナは、再婚によって権力を失うような愚はおかすまいと心に誓った。もちろん愛人は別だ。問題山積の国を運営するというハードな仕事のあとは、ベッドでやさしく慰めてもらう必要がある。

しかし愛人たちは、彼女をじゅうぶん満たせなかったのだろう。そして満たされていなかったと気づくのは、生まれて初めて、肉体的にも精神的にも満たされたときだった。正真正銘の恋におちたときだった。たとえそのときの彼女が、中年肥《ぶと》りの兆候いちじるしい四十五歳になっていようとも。

相手は、*グレゴリ・ポチョムキン。ウクライナ生まれの軍人。たくましい大男で、ぶかっこうな鼻に、独眼。身なりにかまわず、野生動物のようにぎらぎらして、ときたま爪をかむ子供っぽい癖がある。とうてい好男子といえないのに、なぜか異性を惹《ひ》きつける。エカテリーナより十歳年下で、エカテリーナどうよう非凡、野心家、機知に富む話ぶり。

エカテリーナ二世

彼女ははじめて、自分の意のままにならない荒馬に乗る苦労と楽しさを知った。はじめて自分と対等に天下国家を論じあえる、歯ごたえある相手を見つけた。だが何よりもまず、恋、それも激しいエロスの嵐を知った。「このエカテリーナ二世ともあろうものが、こんな狂おしい情熱の虜《とりこ》になるだなんて……」「あなたの命令どおりにします。私の方からあなたの部屋へ行きましょうか、それともあなたが来てくださいますか？」「昨夜は幸せでした。あなたは私の渇きを癒《いや》してくれました。それもワイン以外のもので」「まるで私は、さかりのついた雌猫みたい」——手紙攻め。しかも、そうとうきわどい表現の。

五感の悦《よろこ》びを手ばなしで味わえる者どうしの恋は、あきれるほど健康的だ。清らかさはないが、スポーツジムで一汗かくような、さっぱりと明るい大らかさがある。事実、彼らは一休みしたあとそのままベッドで政策を論じることがよくあった。

気性の激しいふたりは、やきもちから喧嘩《けんか》もしょっちゅうだった。彼女が折れたり、彼が折れたりした。女帝は山ほど財宝をあたえ、作曲の心得あるポチョムキンは、恋の歌をささげた。彼は高い地位を得、そのかわり彼女にクリミア半島や黒海地方を奪ってプレゼントした。

双子のようによく似たふたり。国家を共同統治しているも同じだった。関係は十五年以上続く。ポチョムキンが領土拡大のための戦争に出ている間、さびしがりやのエカテリーナはつなぎの愛人をベッドへ引きいれたが、彼がもどってくると、そこは依然、彼の場所であった。

六十二歳のエカテリーナに、戦場からポチョムキン病死の知らせが届く。聞いた彼女は卒倒し、しばらく部屋にこもりきりになって、ただ泣いた。

「あれほどの人の代わりはもういない」と秘書にもらしたとおり、ポチョムキンの代わりは二度と見つからなかった。彼とともに、エカテリーナの中の何かもいっしょに死に絶えた。

このあと五年、彼女は生き、顔が美しいだけの若い愛人たちをとっかえひっかえする。最後の愛人など、彼女より四十歳も若く、しかも彼は後年、エカテリーナの息子パーヴェル殺害に加わった。

純粋な愛というのは、互いの隔たりを受け入れること。（*シモーヌ・ヴェイユ）

45歳

ヴィクトリア女王

（イギリス女王。一八一九～一九〇一）

一九〇一年一月、*ヴィクトリア女王の他界により、イギリス十九世紀黄金期、いわゆる〈ヴィクトリア朝時代〉の幕は完全におろされた。

女王は十八歳で即位し、六十四年間の在位中、「君臨すれども統治せず」の理想的君主として、大英帝国の生きた象徴として、国民に愛されつづけた。彼女とハンサムな夫*アルバート公、ふたりの愛の結晶である四男五女との幸せな家庭は、道徳を基盤としたつつましい中流家庭こそ社会で最重要の一単位とされた当時の、まさにモデルと見なされていた。

事実はどうか？

ヴィクトリア女王は政治の、とりわけ人事によく嘴《くちばし》をはさんだし、歴代最長という長すぎる在位は国民に倦怠《けんたい》感をもたらし、あとつぎの皇太子をいらだたせ（六十歳になってようやく国王になれた）、君主制反対運動をさかんにした。夫婦仲は、学究肌でおだやかなアルバート公のおかげで円満だったものの、女王と子どもたちの関係はあまりうまくいっていなかったし、王家に対する「つつましい」という形容にいたっては論外である。

裏と表の落差の激しさ、それがヴィクトリア朝時代の特色といえよう。表側の繁栄とは逆に、背後の闇はどこまでも深々と黒い。紳士ぶった体裁さえ維持できれば、裏で何をやってもかまわない世界。二重人格をあつかった『ジキル博士とハイド氏』（スチーブンソン作）*がこの時代に書かれたことも、連続殺人鬼〈切り裂きジャック〉があらわれて、人々を震撼《しんかん》させるとともに魅了したのも、けっして偶然ではなかった。

そもそもイギリスが産業革命を推進し、〈世界の工場〉と呼ばれて世界市場を独占できたのは、インドをはじめとした多くの植民地を搾取して、莫大《ばくだい》な富を集めたからにほかならない。国内でも、物質文明を謳歌《おうか》できる少数者のかげには、過酷な工場労働によって平均寿命四十歳以下という、おおぜいの下層階級の存在があった。中流家庭の安定もまた、巧妙なしかけで見えにくくした女性差別に拠《よ》るところ大だった。こうしたいくつもの偽善には、誰もがうすうす気づいており、だからかえって道徳がやかましくいわれたのだろう。

ヴィクトリア女王の後半生も、公式には最愛の夫の喪に服す未亡人としてのそれだったが、ご多分にもれず、やはり裏があった。スコットランド人の馬丁ジョン・ブラウンとの禁断の恋だ。王位を継いだ長男エドワード七世は、そうとう腹に据えかねていたらしく、母親の死を待ってましたとばかり、ブラウンの写真も日記も焼き捨て、彼の胸像をたたきこわし、ウィンザー城内のブラウンの私室をビリヤード室に改造してしまった。そうしたからといって、母と下賤《げせん》な男との仲が闇に葬られるわけもない。生前の女王は、かげで「ブラウン夫人」と呼ばれ、隠し子がいるとまでささやかれていたのだ。

——アルバート公がチフスで急死したのは、四十二歳のときだった。突然の悲劇に、ヴィクトリア女王はすっかり麻痺《まひ》してしまう。文字どおり、打ちのめされてしまう。わがままで、人の好き嫌いの激しい彼女が、感情の波をコントロールして仕事をこなすことができたのは、すべてこの聡明《そうめい》な夫の支えによるものだった。「我が人生は終わりです」。彼女はそう宣言し、いっさいの公務を逃れ、黒ずくめの服に身をつつんでワイト島のオズボーン離宮にこもりきり、わずかな物音にも過敏に反応する、狂気寸前の底なしのメランコリーへ沈んでいった。三年も。

おそらく更年期の鬱《うつ》がかさなったと思われる。もともとは甘いものとウィスキー好きの、ころんとした健康体で、毎日くわしい日記と膨大な手紙を書き続けるエネルギッシュなタイプなだけに、いったんつまずくと何もやる気がなくなってしまったらしい。現代なら良い薬もあるし、もっと早く快復できたはずだが、女性生理に関する知識の乏しい時代、しかも彼女自身、最高権力者で人の忠告など聞かない頑固な性格だったため、これほど長期化したと思われる。もしこの時ブラウンが登場しなければ、ヴィクトリア朝時代はもっと短くなっていたかもしれない。

ジョン・ブラウンをオズボーン離宮へ呼んだのは、いまの状態を何とかしなければと考えた側近たちといわれている。つまり彼らは、この赤毛の大男が女王へおよぼす影響力を知っていて、期待をかけたということだ。ブラウンは、アルバート公が亡くなる一年前、スコットランドにある避暑用の城に女王付き馬丁として雇われ、小旅行にも何度か同行して、女王から「馬丁と従僕と小姓と侍女をひっくるめたような役目を果たしてくれた」と、大いに気に入られていた。

ブラウンなら、女王に再び笑み

晩年のヴィクトリア女王

をとりもどしてくれる。側近たちがそう考えたのが、女王のひきこもって三年もたってからという点が、キーポイントではないか。彼らは、できればブラウンを呼び寄せたくはなかった。良くも悪くも女っぽい未亡人と、七つ年下のたくましい独身男が近づけばどうなるか想像がついたので、鬱の特効薬と知りながら飲ませないようにしていた。スキャンダルを恐れたのだ。ところがあまりに病いが長びき、自然治癒が望めそうになくなって、このまま死に至るよりはと、しぶしぶ最後の手段が取られたということらしい。

予想どおり薬は効いた。スコットランド式キルトスカートをはき、愛馬を引きつれたブラウンが離宮へやってくると、女王は葬儀以来はじめての微笑を浮かべるのだった。そうなれば、凍っていた心が溶けるのも早い。まもなくブラウンに手綱をとらせて馬上の人となり、城の外を散歩できるまでになってゆく。女王にとってブラウンは、たとえどれほど身分が低く教養に乏しくとも、生活を活気づかせる異性であり、亡き夫アルバート公と同じく、べったり甘えきれる相手だった。

ブラウンは馬丁の身分から昇格して女王の私設執事となり、「女王以外の命令に服する必要なし」と公式に指示され、年俸百二十ポンド（最終的には四百ポンド）を賜って、城の内でも外でも女王にかしずいた。階級制度を基盤に脈々と流れるこうしたヨーロッパの騎士道精神については、とうてい日本人の理解のおよぶところではない。騎士はこれと崇《あが》める貴婦人に、愛と憧《あこが》れをもって心をささげ、場合によっては命までも擲《なげう》つ覚悟をもつ。そこにはいくらかマゾめいた悦《よろこ》びもふくまれているかもしれない。貴賤の差によって隔てられているという意識は、にもかかわらずかくも惹《ひ》かれあうという、いっそうの甘美をもたらしてくれる。

では、お世辞にも美人と呼べない、一五〇センチ足らずの小肥《こぶと》りの中年女性は、王冠を戴《いただ》いているというだけでブラウンを魅了したのだろうか。そうとばかりも言えない。ちょっと出目気味の生き生きした青い瞳《ひとみ》をもつ彼女は、年をとっても子どもを九人（孫は三十九人！）も産んでもわがままなお姫様のままで、自分の気持ちに正直な、ある意味、ひじょうに純粋でかわいい女性だった。制約の多い人生を送る、単純で剛毅《ごうき》なブラウンが、彼女の欠点まで丸ごと受けとめたのもわかる気がする。

ブラウンが男を上げたのは、四十六歳のとき。女王が久しぶりに国民の歓呼にこたえるため、セントポール寺院からバッキンガム宮殿へ、幌《ほろ》なし馬車でゆっくりドライブしたときだった。いつものようにブラウンが御者台に座り、馬車には女王とふたりの王子、そして侍女が乗っていた。突然、群衆の間からひとりの男が走りより、馬車に足をかけて、ピストルを女王に向けた。女王が悲鳴をあげるのと、ブラウンが男に体当たりを食らわせたのは同時で、そのあと彼は逃げる男を追いつめ、捕まえたのである。

この事件でブラウンは、女王の日陰の男という立場から、一転、英雄になった。女王は彼に〈献身勲章〉という年金付き勲章と、〈エスクワイヤー〉の称号をさずけて、愛と感謝を示した。彼にとっては、だがそんなことより何より、自分が命にかえて姫を救う役をみごと果たせたことに、誇りと喜びを覚えたであろう。恋する男は誰でもみんな、こんなふうに劇的な形で愛を証明したいと夢みるが、実行できるのは、ごく限られた選ばれた者だけだ。けっして結ばれることはないと知っていた恋人たちではあるが、この世に稀《まれ》な美酒を味わえただけで十分と、しみじみ感じたにちがいない。

十年後、ブラウンは病死する。ウィンザー城で葬儀がおこなわれたさい、女王は「愛と感謝と友情をこめた言葉をささげます」と異例の弔辞をおくったばかりでなく、ブラウンの弟へも手紙を出した。『わたしほどあなたを愛した人間はいませんよ』と、わたしはブラウンにいつも言ったものです」。

苦しむために今も生きている。しおれた薔薇《ばら》のように……（『ランメルモールのルチア』より）

55歳

エリザベス一世

（一五三三〜一六〇三）

エリザベス一世は、あのヘンリー八世とアン・ブーリンとの間の〈望まれない娘〉だった。父に母を殺され、自らは庶子にまで身分を格下げされたり、異母姉メアリ女王からロンドン塔に叩《たた》き込まれたりと辛酸を舐《な》めたが、忍耐と勤勉、知恵と人望、何より幸運を得て玉座につき、四十五年という長い統治によって、イギリス絶対主義を確立する（王妃の首を刎《は》ねてまで跡継ぎの男児を欲しがったヘンリーが、もしこれを知ったら、何と言っただろう？）。

彼女はかなり早い段階から、自分は国家と結婚したと明言しており、結婚の意志は薄かったと思われる。スペインのフェリペ二世を夫にしたことでプロテスタント大弾圧に走った前女王メアリや、下らない男と結婚したのが遠因で破滅したメアリー・スチュアートの例を間近に見て、政略結婚にせよ恋愛結婚にせよ、その反動の大きさが憂慮されたのだろう。両親似で権力欲が強く、夫と権力を分かち合いたくないとの気持ちももちろんあった。

だが自分の血を引く子に王権を譲りたいと思わない者がいるだろうか？

かつて「メアリー・スチュアートに男児誕生」の報を受けたとき、三十三歳のエリザベスは妬《ねた》ましさに涙を滲《にじ》ませ、「わたしは石女《うまずめ》なのに」と珍しく人前で弱音を吐いたという。

あんがいここがポイントだったかもしれない。

つまり彼女が結婚しない真の理由——それは妊娠能力がなかったからではないか。若き日の恋人ダドリーとの間にもできなかったし、「女王は御子を産めない御身体です」との医者の証言も残されている。事実はどうあれ、本人が産めないと信じ込んでいれば、結婚には二の足を踏むだろう。王族は子作りが大事な仕事であり、子ができなければそれは全て女性のせいにされた時代だから、もし子どもを、それも男児を産まなければ、エリザベスの権威はひどく傷つくことになる。母アン・ブーリンの悲運も、一種のトラウマになっていたに違いない。

こうしてさまざまな葛藤《かっとう》を乗り越え、ヴァージン・クィーンとして一生を生き抜く決意を固めて以来、心の奥深くへ押し込めたマグマのごとき怒りが、時おり噴出するのは仕方のないことだった。彼女は臣下や女官の結婚に対して露骨に嫌な顔をしたし、それどころか妨害したのも二度三度ではない。自分の許可なく結婚したからと、寵臣《ちょうしん》をロンドン塔に放り込んだこともあるし、昔の恋人が再婚していたのを知ったときの怒りも凄《すさ》まじく、妻を実家に閉じ込めておくとの条件で、ようやく許したほどだ。

当時は五十歳を過ぎれば老年である。物理的にもはや子どもは産めないし、周りもすっかり女王の結婚を諦《あきら》める。それとともに、エリザベスの威光を神懸り的に高めようとのキャンペーンはますます活発となっていった。肖像画の中の彼女は永遠に年をとらず、むしろ若返ってゆく。もとより肖像に芸術性など求めず、イコン（聖画像）の役目さえ果たせばよしとの考えであった。女王は生けるディアナ（月と狩猟の処女神）であり、聖母マリアの代わりなのだから。

現実のエリザベスはもちろん年老いていった。そして老いれば老いるほど、美人ともてはやされたがる傾向は強まった。あまりのこだわりように、かえって自信の無さが透けて見えるのは若いころからだが、老いた彼女が取り巻き以外の男性の眼にどう映ったか、ふたりの証人の言。

フランス大使曰《いわ》く、「顔はとても醜い。細長く、頬はこけ、歯は黄色で歯並びが悪く、抜けているので、早口だと何を言っているのかわからない」。ブランデンブルクの法律家曰く、「面長の顔。肌は白いが皺《しわ》だらけ」「鼻は少し曲がっている。唇は薄く、歯は真っ黒。砂糖の取りすぎだ」「未婚女性用の胸の広く開いた服を着ているので、皺の寄った胸が丸見え」。

容色が衰えるのは年齢的に仕方ないこととして、驚くのは、こういう外見にもかかわらずエリザベスが、自分は美しいと口に出して何度も言うことである。おべっかを浴び続けていたので、半ば信じていたのだろうか。

少なくとも信じたかったのは確かである。彼女は若い男たちにロマンティックな愛の言葉をささやかせて喜んだ。それによって自分はまだ若く、じゅうぶん相手のエロスの対象になり得るし、なっていると錯覚して喜んでいた。あれほど抜かりない政治的判断力を誇った女王が、自らの外見についてはほとんど盲目状態なのだから人間は面白い。

そして五十五歳のとき、三十三歳も年下のエセックス伯ロバート・デヴルーに恋をした。名家出身の、潑剌《はつらつ》と輝くばかりの美青年は、まさにかつての恋人ダドリーの再来と感じられ、エリザベスは胸を震わせたのだ。

エセックス伯の方はどうか？

彼女は確かに若いままの衣装を身にまとい、奇怪と言えるほどけばけばしい白塗り化粧

エリザベス一世

をほどこした老女である。だが女王である。彼女の一声で、文字通り首も飛べば栄耀《えいよう》栄華も夢ではない。彼女が、自分はただの女ではなく、人間を超越した特別の存在なのだから、相手の目には実際に美しいと見えているのだ、と信じているなら、どうしてそれに乗らないでいられよう。

野心満々の彼は、この芝居を演じることに何の躊躇《ちゅうちょ》もなかった。

ふたりはまるで若い恋人同士のように、いつもぴったりくっつきあって過ごした。昼は野外のふたりきりの散歩、夜もたびたびふたりきりでのカード遊びと、エリザベスは片時も恋人を離すまいとし、彼も心からそのひとときを楽しんでいるようだった。

ご褒美としてエセックス伯は主馬頭《しゅめがしら》になり枢密院メンバーにも出世し、寵愛期間が八年目となったころ、カディス遠征で大勝利をおさめて国民の人気も沸騰したせいで、にわかに傲慢《ごうまん》ぶりを顕《あらわ》にしだす。最初はそれも可愛いと感じていたエリザベスだが、次第に不快さを抑えられなくなる。

ふたりは言い争うようになった。痴話喧嘩《げんか》のうちはよかったが、どちらも気性が激しいので、周囲が驚くほど派手なやりとりになることもあった。あるときカッとした女王がエセックス伯の耳を叩くと、我を忘れたこのはるか年下の恋人は、「なんたる侮辱!」と叫んで剣に手をかけた。止めに入る者がいて事なきを得たが、主君に対するこのとんでもない行為が打ち首ものなのは明らかなのに、エリザベスは何の処置もしなかった。彼を失いたくないのだと、臣下らは茫然《ぼうぜん》とするしかない。

罰しはしなかったものの、しかしさすがにすぐ許す気にならなかった。エセックス伯から三通の長い詫《わ》び状が届いても返事は書かなかった。ところが四通目で、ぬけぬけと彼はこう書いてよこした、「実のところ、男としてのわたくしは、陛下が君主たる者の力を有しているがゆえに服従しているのではなく、むしろ陛下が生まれながらにして備えておられる美しさに服従してきたのでございます」。

「美しい」――エリザベスはこれを読んで即座に彼を許した。

これでエセックス伯の傲慢の度はいっそう甚だしくなり、何をしても許されると思い込んだのかもしれない。反対を圧《お》してアイルランド総督となり、泥沼化していた戦場でなんら成果もあげられないまま勝手に講和を結んだあげく、任務を放棄してひとりイギリスへ舞い戻ってきてしまう。さすがにこれではエリザベスも庇《かば》いようがない。というより彼女は、度重なるトラブルにすっかり嫌気がさし、しばらく彼を遠ざけることにした。宮廷への伺候を差し止めたのだ。

エセックス伯は愚かだった。

おとなしく我慢していれば復活のチャンスもなきにしもあらずなのに、取り返しのつかない一言を吐いてしまった。大勢のいる場で、「女王の性格」が話題にのぼったとき、「女王の性格は、骸骨《がいこつ》みたいな身体と同じで歪《ゆが》んでいる」と口走り、それがただちにエリザベスの耳に入ったのだ。

彼女にとってはもっとも言われたくない悪口であり、避けたい現実を突きつけられた思いであったろう。あの男はわたしの耳もとで甘い言葉をささやきながら、内心では「歪んだ」「骸骨みたいな身体」の老女と思っていたのだ！

これは決定的であり、これに比べれば剣に手をかけたことなど、何ほどのこともない。

エリザベスは愛を裏切った男を許さなかった。完全に寵を失ったエセックス伯は公然と反乱を起こし、逮捕される。首を刎《は》ねる命令書への署名を、エリザベスはほとんど躊躇《ためら》わなかった。

美しい男による最後にして最大の災厄。エリザベスが七十歳で老衰で死ぬのはこの二年後だった。もはや女ではないと思い知らされ、生きる気力も失われたのかもしれない。我が身が招いたこととはいえ、晩節はひどく汚されてしまった。

愛は惜しみなく奪う。(有島武郎)*

66歳

マルグリット・デュラス

(作家。一九一四〜一九九六)

〈トロフィ・ワイフ〉なる言葉があって、これは功成り名を遂げた壮年の男が、糟糠《そうこう》の妻を捨てて新たにめとった、若いとびきりの美女を指す。彼女のゴージャス度が、男の成功度の証《あかし》になるというわかりやすさで、ハリウッドの老スターたちの再婚相手がよい例であろう。彼らは新しい妻を、トロフィのように見せびらかして得意満面だ。

もちろん、トロフィ・ハズバンドなどという言葉はない。名声を得た女性が年をとってから若い美青年と結ばれれば、世間は逆に、彼女を嗤《わら》い、彼をあざけるにきまっている。

そのためふたりの関係には、特に男の側には、よけいなストレスがかかることになる。デ*ュラスとヤン・アンドレアのばあいもそうだった。

二十世紀フランス最大の女性作家といわれるマルグリット・デュラスは、若いころから文壇の寵児《ちょうじ》だったし、すぐれた映像作家として、脚本を書いたり自ら監督して映画を作るなど、世界的にも名を馳《は》せた。私生活も派手で、恋愛事件をいくつもおこし、夫との離婚よりさきに愛人の子を産んで、マスコミを騒がせたこともある。

こうして突っ走ってきた人生だが、しだいに彼女の小説も映画も難解になり、大衆受けしなくなってゆく。すると弛《ゆる》みもでるのか、五十代の後半からほとんど作品を書かなく（書けなく？）なり、ノルマンディ地方の海辺の町のアパルトマンでひとり、ワインを相手に暮らしはじめる。この絶望的な孤独は、彼女を太ったアル中の老女へと変えた。若き日の輝くような美しさは、どこをさがしても見つからないほどの。

デュラス、67歳

にもかかわらずデュラスは、それまでに書いた多くの傑作によって〈記号〉化していたので、彼女の作品に魅入られたファンからの手紙は数知れず、そのなかにヤンというバイセクシュアルの大学生がいた。かつて、パーティで一度だけ言葉をかわしたというヤンは、連日のように日記めいた手紙をよこした。お会いしたい、という彼に、デュラスはウィとは答えなかった。だが手紙が、なんと五年にもおよんだとき、ついに彼女はヤンの来訪を承諾する。

二十七歳の繊細で変わり者の文学青年を、六十六歳の飲んだくれの作家が部屋へ招きいれたとき、それは蟻地獄があわれな犠牲者を引きずりこんだ瞬間だったのだろうか。にしても、その犠牲者は、自分から進んでやってきたのだ。彼は蟻地獄にあこがれ、その強烈な個性を才能を崇拝し、のみこまれてまで一体になりたくて、やってきたのだ。

ふたりはお互いを気にいった。その日からヤンは彼女の家に同居し、愛人となり、口述筆記する秘書となり、運転手となり、介護士となる。だがなにより彼は、作家としてのデュラスを甦《よみがえ》らせる触媒となった。デュラスは彼を愛することで、彼に愛されることで、猛烈なエネルギーの塊になる。死ぬまでの十六年間、書いて書いて書きまくる。容赦ない筆致で、ヤンを書き、自分を書く。「恋する老女は怪物」と言われるが、まさにデュラスは怪物そのものと化した。

彼女の復活は、七十歳のときの『ラマン（愛人）』で決定的になる。この自伝的小説はゴンクール賞を受け、世界四十ヶ国以上で翻訳され、二百万部をこす売上を記録し、映画化もされてヒットした。これによって、それまであまり売れていなかった作品まで再評価され、デュラスは人生で第二の、それも前より大きなピークを迎えた。

一方、ヤンの思いは複雑だ。彼女にただ利用されているのではないかと疑い、世間の目が自分に温かくないのを悩んだ。これがもし老作家が男で自分が女性なら、縁の下で働いて恋人を支える立場は誉められこそすれ、軽蔑《けいべつ》されることはないだろうに。ヤンの神経はささくれだち、時には大声でわめくヒステリー症状を呈することもあった。

たぶんデュラスの側も、男女の性役割という伝統文化から自由ではいられなかったのだろう。彼女にしてみればヤンは、この世の奇蹟《きせき》ともいうべきありがたい存在のはずなのに、「男らしく」一人立ちしない彼を人前でバカにすることすらあった。サディスティックないじめはしかし、私的な場ではたちまち逆転し、修羅場はいくどもくりかえされた。若い恋人たちとまったく同じ痴話喧嘩といっていい。

それでもふたりは添いとげる。八十一歳で大往生したデュラスをみとったヤンは、その後二年近く抜けがら状態だったというから、恋愛における弱肉強食も凄絶《せいぜつ》なものである。

あとがき

こういう恋の本を書きたい、と長く心にあたためてきた。

山田風太郎『人間臨終図巻』を読んで以来のことだ。この作品は、誰が何歳で亡くなったか、臨終のようすはどうだったかを、一見淡々と、でももちろん風太郎らしい毒と凄《すご》みで活写して、ああ、かの英雄もかの天才も、若くして、あるいは苔《こけ》の生えるほど長生きした果てに、こうして死んでいったのかと、深々した思いに沈みこませる名著だった。

誰でも必ず死ぬ。だから死というテーマは永遠なのだが、では恋はどうだろう。オスカー・ワイルドがサロメの口を借りてこう言っている、「恋の秘密は、死の秘密より大きい」。

恋は、まして相思相愛の恋は、必ずしも全ての人に恵まれはしない。歴史に華やかに名を残した女性であっても、一生ときめきを知らず終わった人もいれば、激しく焦がれた相手にふりむいてもらえなかった人もいる。気まぐれなキューピッドの矢に射抜かれるのは、思いのほか稀《まれ》なものなのだ。しかもそれは死神の急襲にも似て、予期できない。

彼女たちの恋はいつだったろう。何歳で恋をし、何歳まで恋しつづけ、恋の死はいつ迎えただろう。恋は彼女たちを変えたのか。若き日の恋と、成熟してからの恋は違うのか。

——この小さな本を書き終えてわたしは、自分なりに気づいたことがある。

ほんとうの恋には、姿かたちはあまり関係がない。目で恋する男性は、単純に美しい女性を恋すると思われがちだけれど、そして確かに美は恋の対象として有利とはいえ、最終的には、美しさよりむしろ迫力がものをいう。たとえばデュラスが息子より年下の男を、文字どおり虜《とりこ》にしたとき、彼女は身なりにかまわない太ったアル中の老女だった。

年齢も、恋の様相には関わりない。恥じらいとともに生まれ、人それぞれのもつ情熱の多寡によって燃え上がって燃えつき、またほそぼそといつまでもゆらめき続けるのは、十代だろうと四十代だろうと差はない。四十四歳のヒュルスホフが、「乙女のごとき」もどかしい無器用な恋に泣いた一方で、十四歳の二条は、恋人の子を夫の子と偽り、したたかに隠しおおせている。

何より恋は、宇宙の不思議を感じさせてくれる。世界は網の目のごとくからみあっていて、恋するふたりは出会うべくして出会う。休暇旅行を企てたクリスティが、乗り物のチケットもホテルの予約もすべて終えてから、急に行き先を変えたのはなぜか。半病人状態だったバードが、無謀なロッキー山脈踏破にふみきったのはどうしてか。そのときの彼女たちは知らなかったが、先には恋の相手が待っていたのだ、まるで前世からの定めででもあったかのように。

人生はすばらしい。とりわけ、その人生に恋というサプライズが加わったばあいの燦《きら》めきたるや！

本書は二〇〇三年に清流出版社から『恋に死す』のタイトルで出版されたものに、加筆訂正いたしました。今回、文庫として改たな装いで世に出してくださった担当編集者の末安慶子さんに、この場を借りて心から感謝申し上げます。

中野京子

人名解説

［ア］

＊アーサー・ミラー（一九一五～二〇〇五）
アメリカの劇作家。マリリン・モンローの三度目の夫。『セールスマンの死』『るつぼ』

＊アガサ・クリスティ（一八九〇～一九七六）
イギリスの小説家。〈ミステリの女王〉と呼ばれる。『そして誰もいなくなった』『アクロイド殺人事件』

＊アネッテ・フォン・ドロステ＝ヒュルスホフ（一七九七～一八四八）
一九世紀ドイツ最大の女性詩人。生前はほとんど認められなかった。詩集『教会の暦』

＊有島武郎（一八七八～一九二三）
明治、大正期の小説家、評論家。妻子がありながら、女性編集者と心中死。『或《あ》る女』『カインの末裔《まつえい》』

＊アルテミジア・ジェンティレスキ（一五九三～一六五二？）
イタリア・バロック期の画家。生前は正当に評価されていたにもかかわらず、後代にな

って「女性には絵が描けない」との偏見の中で、作品までも父オラツィオのものと誤解された。近年再評価の機運著しい。『ユディットとその侍女』『ホロフェルネスの首を切るユディット』

＊アルバート公（一八一九〜一八六一）

ヴィクトリア女王の夫。ドイツ人だったため、「プリンス・コンソート」（女王の夫君）の正式称号を受けたのは結婚後十七年もたってからだった。腸チフスで早世。

＊アン・ブーリン（一五〇七〜一五三六）

ヘンリー八世の二番目の妻。エリザベス一世の母。いわゆる〈一〇〇〇日のアン〉（映画のタイトル）として、結婚後三年で夫の命により斬首《ざんしゅ》される。

＊アンリ二世（一五一九〜一五五九）

フランス国王。在位一五四九〜一五五九年。絶対王政を推進。イタリアの財閥メディチ家からカトリーヌをめとり、その王子からフランソワ二世、シャルル九世、アンリ三世が王位につく。

＊アンリ・ルソー（一八四四〜一九一〇）

フランスの画家。純朴で幻想的な画風で知られる。『蛇使いの女』

＊生島新五郎（一六七一〜一七四三）

江戸時代の人気歌舞伎役者。いわゆる〈絵島生島事件〉で三宅島へ流罪。

＊イザベラ・バード（一八三一〜一九〇四）

イギリスの探検家、旅行作家。海外大旅行七回、海外生活通算九年以上というのは、当時の女性としては驚異的だった。『ロッキー山脈踏破行』『朝鮮奥地紀行』

＊イプセン↓ヘンリク・イプセン

＊イマヌエル・カント（一七二四〜一八〇四）

ドイツの哲学者。『純粋理性批判』『実践理性批判』

＊ヴィクトリア女王（一八一九〜一九〇一）

イギリス女王。在位一八三七〜一九〇一年。インド女帝も兼任。アン女王、現エリザベス女王とともに、その治世はイギリス繁栄期と重なる。〈君臨すれども統治せず〉の典型とされる。

＊ヴィクトル・ユゴー（一八〇二〜一八八五）

フランス・ロマン派文学の指導者。『レ・ミゼラブル』『ノートルダム・ド・パリ』

＊ウィリアム・シェークスピア（一五六四〜一六一六）

イギリス最大の劇作家。『ハムレット』『リア王』『オセロ』『マクベス』

＊ヴィルヘルミーネ・フォン・ツェンゲ（一七八一〜一八五二）

クライストの元婚約者というだけで、ドイツ文学史に名前を残している。

＊ヴォルフガング・フォン・ゲーテ（一七四九～一八三二）

ドイツの詩人、作家。シラーとともにドイツ古典主義を代表する。『ファウスト』『若きヴェルテルの悩み』

＊エカテリーナ二世（一七二九～一七九六）

ドイツ人。ロシア大帝。在位一七六二～一七九六年。啓蒙《けいもう》専制君主としてロシアの近代化に寄与。

＊絵島（一六八一～一七四一）

将軍家継の母、月光院に仕えた大奥女中。歌舞伎役者生島との密通事件で失脚。

＊エドワード七世（一八四一～一九一〇）

イギリス王。在位一九〇一～一九一〇年。母ヴィクトリア女王が長生きしたため、六十歳になるまで即位できなかった。

＊エリザベート皇妃（一八三七～一八九八）

オーストリア皇帝フランツ・ヨーゼフ妃。絶世の美女と謳《うた》われ、晩年アナキストに暗殺される。彼女をヒロインにした小説、映画、ミュージカルは数知れない。

＊エリザベス一世（一五三三～一六〇三）

イギリス女王。在位一五五八～一六〇三年。ヘンリー八世とアン・ブーリンの娘。彼女の統治によって絶対主義最盛期を迎えた。生涯結婚せず、処女王と呼ばれる。

＊オウィディウス（前四三～後一七頃）
古代ローマの詩人。『愛の技術』

＊オラツィオ・ジェンティレスキ（一五六三～一六三八）
イタリアの画家。アルテミジアの父。『受胎告知』『リュートを調弦する少女』

［カ］

＊春日の局《つぼね》（一五七九～一六四三）
徳川家光の乳母で、家光の将軍擁立に多大な寄与をした。大奥を支配したことで知られる。

＊カトリーヌ・ド・メディシス（一五一九～一五八九）
アンリ二世妃。イタリアから嫁ぐ。夫の死後、サン・バルテルミーの虐殺を引き起こしたことで、悪女として知られる。

＊亀井勝一郎（一九〇七～一九六六）
評論家。日本の伝統美についての研究で知られる。『大和古寺風物誌』

＊カラヴァッジョ→ミケランジェロ・カラヴァッジョ

＊カルロス四世（一七四八〜一八一九）
スペイン王。在位一七八八〜一八〇八年。王妃マリア・ルイサの愛人ゴドイを宰相にして国政をまかせきりにする。退位させられて、晩年は亡命生活。

＊カント↓イマヌエル・カント

＊キュリー↓ピエール・キュリー、マリー・キュリー

＊ギヨーム・アポリネール（一八八〇〜一九一八）
フランスの詩人。ピカソらと前衛芸術運動を推進。詩集『アルコール』

＊ギルバート・チェスタートン（一八七四〜一九三六）
イギリスのジャーナリスト、作家。ブラウン神父を探偵にしたミステリーで知られる。

＊カール・グスタフ・ユング（一八七五〜一九六一）
スイスの心理学者、精神分析医。はじめフロイトの後継者と目されたが、後に離反。〈集合的無意識〉を唱え、独自の深層心理学を確立。『心理学と宗教』『無意識の心理学』

＊クラウディウス一世（前一〇〜後五四）
古代ローマ皇帝。在位四一〜五四年。皇后メッサリーナを処刑して、姪《めい》のアグリッピナと結婚したが、自分の息子ネロを帝位につけたい彼女によって毒殺される。

＊クラウディウス・ネロ（三七〜六八）

古代ローマ皇帝。在位五四～六八年。キリスト教徒への迫害、母殺しなどで悪逆無道の代名詞となっている。

＊クラウディオ・モンテヴェルディ（一五六七～一六四三）

イタリア・バロック期の作曲家。オペラ『オルフェオ』

＊クララ・シューマン（一八一九～一八九六）

ドイツ・ロマン派のピアノ演奏家、作曲家。夫ローベルト・シューマンやブラームスの作品を世に広めるのに貢献した。晩年、音楽学校の教授として学生を指導。

＊クリスティ→アガサ・クリスティ

＊グレゴリ・ポチョムキン（一七三九～一七九一）

ロシアの政治家、将軍。エカテリーナ二世の恋人として、国政に多大な影響を与えた。黒海艦隊の創設、プガチョフの乱の鎮圧、トルコとの講和などに手腕をみせる。戦地にてマラリアで病没。

＊ゲーテ→ヴォルフガング・フォン・ゲーテ

＊ココ・シャネル（一八八三～一九七一）

フランスの服飾デザイナー。シャネル・スーツで一世を風靡《ふうび》する。

＊後深草院（一二四三～一三〇四）

第八九代天皇。在位一二四六～一二五九年。北条時宗の斡旋《あっせん》により、子の伏見天皇を即位させて長く院政を敷く。日記『後深草院宸記《しんき》』

*ゴヤ→フランシスコ・ゴヤ

［サ］

*坂口安吾（一九〇六～一九五五）
小説家。太宰治、石川淳らとともに無頼派と呼ばれた。『堕落論』

*ザビーナ・シュピールライン（一八八五～一九三七？）
ロシア生まれのユダヤ人精神分析医。一時ユングの恋人。フロイトの弟子として研究したあとロシアへもどるが、晩年および死因は不明。

*サマセット・モーム（一八七四～一九六五）
イギリスの小説家。皮肉な人間観察と巧みなストーリーテリングで人気を博した。『月と六ペンス』『人間の絆《きずな》』

*サンドロ・ボッティチェリ（一四四四？～一五一〇）
イタリア・ルネッサンスを代表する画家。『ヴィーナスの誕生』『春』

*ジグムント・フロイト（一八五六～一九三九）
オーストリアの心理学者。精神分析学の創立者。〈エディプスコンプレックス〉の概念な

ど、後世に大きな影響を及ぼす。ユダヤ人だったため、晩年はナチに追われてイギリスへ亡命。『夢解釈』『精神分析入門』

＊島村抱月（一八七一～一九一八）

劇作家、演出家、評論家。芸術座を創設し、新劇の大衆化に力を注ぐ。『囚《とら》はれたる文芸』

＊シモーヌ・ヴェイユ（一九〇九～一九四三）

フランスの哲学者。社会主義の実践として女工をしたり、第二次大戦では反ナチ運動に身を投じる。

＊シャーロット・ブロンテ（一八一六～一八五五）

イギリスの小説家。ブロンテ三姉妹の長女。『ジェーン・エア』

＊ジャン・ジャック・ルソー（一七一二～一七七八）

フランスの啓蒙思想家、作家。『エミール』『告白』

＊ジャン・コクトー（一八八九～一九六三）

フランスの詩人、映像作家。『恐るべき子供たち』『美女と野獣』

＊ジョルジュ・バタイユ（一八九七～一九六二）

フランスの思想家、小説家。『無神学大全』

＊スターリン→ヨシフ・スターリン

＊スチーブンソン→ロバート・スチーブンソン

［タ］

＊チェスタートン→ギルバート・チェスタートン

＊坪内逍遥（一八五九〜一九三五）

作家、評論家。シェークスピア研究、及び近代小説理論を打ち立てたことで知られる。『早稲田文学』創刊。『小説神髄』

＊デヴィッド・ロレンス（一八八五〜一九三〇）

イギリスの小説家。『チャタレイ夫人の恋人』は、日本でも猥褻《わいせつ》裁判にかけられ話題を呼んだ。

＊徳川家継（一七〇九〜一七一六）

家宣と側室月光院との間の子。七代将軍。夭逝《ようせい》したためわずか三年の治世に終わる。

＊徳川家宣（一六六二〜一七一二）

六代将軍。綱吉の養子。新井白石を登用。

＊徳川綱吉（一六四六〜一七〇九）

五代将軍。治世の前半は名将軍と謳《うた》われたが、後半、〈生類憐《あわ》れみの令〉を出すなど悪政を重ねた。

＊徳川吉宗（一六八四〜一七五一）
八代将軍。紀州藩主の四男。享保の改革などで、江戸幕府中興の祖と言われる。

＊徳富蘇峰（一八六三〜一九五七）
評論家。徳富蘆花の兄。「国民新聞」を発刊。

＊ドストエフスキー→フョードル・ドストエフスキー

［ナ］

＊ナポレオン・ボナパルト（一七六九〜一八二一）
フランス第一帝政皇帝。在位一八〇四〜一八一五年。一時全ヨーロッパを制圧したが、ワーテルローの戦いで敗れ、セントヘレナ島に幽閉されたまま生涯を終える。

＊ニーチェ→フリートリヒ・ニーチェ

＊ニコライ二世（一八六八〜一九一八）
帝政ロシア最後の皇帝。在位一八九四〜一九一七年。革命軍に家族ともども銃殺される。

＊二条（一二五八〜一三一〇）
鎌倉時代の宮廷女性。十四歳からの宮廷での恋愛生活と、出家してからの晩年の紀行をつづった五巻の日記『とはずがたり』で知られる。

＊ネルーダ↓パブロ・ネルーダ

＊ネロ↓クラウディウス・ネロ

＊ノストラダムス（一五〇三〜一五六六）

フランスの占星術師。数々の予言で知られる。『諸世紀』

［ハ］

＊ハインリヒ・フォン・クライスト（一七七七〜一八一一）

ドイツの劇作家。貧困と放浪の果て、人妻とのピストル心中死。『こわれ甕《がめ》』『ペンテジレーア』

＊ハインリヒ・ハイネ（一七九七〜一八五六）

ユダヤ人の詩人、評論家。フランスへ亡命し、ドイツ批判を展開した。『歌の本』『ドイツ冬物語』

＊バタイユ↓ジョルジュ・バタイユ

＊パブロ・ネルーダ（一九〇四〜一九七三）

チリの詩人、外交官。ノーベル文学賞受賞。詩集『大いなる歌』

＊バルト↓ロラン・バルト

＊ハンス・ホルバイン（一四九七〜一五四三）

ドイツの肖像画家。デューラーとともにドイツ・ルネサンスを代表する。『ヘンリー八世像』『大使たち』

＊ピーテル・パウル・ルーベンス（一五七七〜一六四〇）

フランドルの画家。二千点もの作品を残した。バロック最大の巨匠。『マリ・ド・メディシスの生涯』

＊ピエール・キュリー（一八五九〜一九〇六）

フランスの物理学者。妻マリーとともにラジウム、ポロニウムを発見してノーベル賞受賞。交通事故死。

＊ピョートル大帝（一六七二〜一七二五）

ロシア皇帝。在位一六八二〜一七二五。絶対主義を確立し、ロシアを近代化した。首都をモスクワからペテルブルクへ移す。

＊平塚雷鳥（一八八六〜一九七一）

社会思想家、女権拡張論者。雑誌『青鞜』を発刊して、大きな影響を与える。

＊フェルナンド七世（一七八四〜一八三三）

スペイン王。在位一八〇八、一八一四〜一八三三年。カルロス四世の息子。母の愛人だった宰相ゴドイと対立。

＊フョードル・ドストエフスキー（一八二一〜一八八一）

ロシアの作家。十九世紀文学を代表。『罪と罰』『カラマーゾフの兄弟』

＊フランシスコ・ゴヤ（一七四六〜一八二八）

スペイン近代絵画最大の画家。病で全聾《ろう》になった後も傑作を描きつづけた。『裸のマハ』『黒い絵』

＊フランソワ一世（一四九四〜一五四七）

フランス国王。在位一五一五〜一五四七年。レオナルド・ダ・ヴィンチをフランスに招くなど、芸術を保護してルネサンス文化に寄与した。

＊フランツ・フェルディナンド（一八六三〜一九一四）

オーストリア皇太子。サラエボ訪問中に暗殺され、これが第一次世界大戦の引き金となる。

＊フランツ・リスト（一八一一〜一八八六）

ハンガリーの作曲家。超絶技巧のピアニストとしても、ヨーロッパ中で人気を博す。コージマ・ヴァーグナーの父。『ハンガリー狂詩曲』

＊フリートリヒ・ニーチェ（一八四四〜一九〇〇）

ドイツの哲学者。ヴァーグナーと交友があった。『ツァラトゥストラ、かく語りき』『悲劇の誕生』

＊フロイト→ジグムント・フロイト

＊プロスペール・メリメ（一八〇三〜一八七〇）
フランスの作家、歴史学者、政治家。『カルメン』

＊ヘンリー八世（一四九一〜一五四七）
イギリス国王。在位一五〇九〜一五四七年。教皇と対立してイギリス国教会を設立。絶対王政を確立。エリザベス一世の父。

＊ヘンリク・イプセン（一八二八〜一九〇六）
ノルウェーの劇作家。近代劇の創始者といわれる。『人形の家』『野鴨』

＊ボエティウス（四八〇頃〜五二四？）
古代ローマの哲学者。反逆罪で処刑される。『哲学の慰め』

＊ホルバイン→ハンス・ホルバイン

［マ］

＊松井須磨子（一八八六〜一九一九）
新劇女優。島村抱月の芸術座に参加し、『復活』のカチューシャ役で歌手としても人気を博す。抱月の後を追って自殺。

＊マックス・マローワン（一九〇四～一九七八）
イギリスの著名な考古学者。後年、サーの称号を受ける。アガサ・クリスティの夫。

＊マヌエル・ゴドイ（一七六七～一八五一）
スペインの政治家。一時ナポレオンと同盟してイギリスと交戦。後、皇子フェルナンド（後のフェルナンド七世）と対立し、政治生命を失う。亡命先で死去。

＊マリ・ラファイエット（一六三四～一六九三）
フランスの作家。『クレーヴの奥方』

＊マリー・アントワネット（一七五五～一七九三）
オーストリア女帝マリア・テレジアの娘。フランス王ルイ十六世妃。革命で処刑される。

＊マリー・キュリー（一八六七～一九三四）
ポーランド人の物理学者、化学者。放射能研究で知られる。夫ピエールとともに一回、単独で一回、計二回のノーベル賞受賞。

＊マリー・ローランサン（一八八五～一九五六）
フランスの画家。淡い色調の優雅な画風で知られる。

＊マリア・モンテッソーリ（一八七〇～一九五二）
イタリアの教育家。〈モンテッソーリ・メリッド〉の開発によって幼児教育に画期的影響

を与える。

＊マリア・ルイサ（一七五一～一八一九）

スペイン王カルロス四世妃。愛人ゴドイを宰相にしてスペインを混乱に陥れたとして悪名高い。

＊マリリン・モンロー（一九二六～一九六二）

アメリカの人気映画女優。『七年目の浮気』『お熱いのがお好き』などに主演。自宅で変死。

＊マルグリット・デュラス（一九一四～一九九六）

フランスの小説家、映画監督。『モデラート・カンタービレ』『愛人』

＊ミケランジェロ・カラヴァッジョ（一五七三～一六一〇）

イタリア・バロック期の画家。殺人をはじめ、多くの犯罪をおかしたことでも知られる。『聖マタイの召命』

＊メッサリーナ（?～四八）

ローマ皇帝クラウディウスの三番目の妃《きさき》。愛人と共謀して皇帝暗殺を企てたとして処刑。

＊メリメ→プロスペール・メリメ

＊モーム→サマセット・モーム

＊モリエール（一六二二～一六七三）
フランス古典劇の代表的劇作家。俳優としても活躍。『タルチュフ』『人間嫌い』
＊モンテヴェルディ↓クラウディオ・モンティヴェルディ

［ヤ］

＊ユゴー↓ヴィクトル・ユゴー
＊ヨハネス・ブラームス（一八三三～一八九七）
ドイツ・ロマン派の代表的作曲家。『交響曲第四番』『ヴァイオリン協奏曲』
＊ヨシフ・スターリン（一八七九～一九五三）
ソ連の政治家。社会主義国家建設に貢献。レーニンのあとを継ぐや、独裁政治をおこなう。

［ラ］

＊リスト↓フランツ・リスト
＊リヒャルト・ヴァーグナー（一八一三～一八八三）
ドイツのオペラ作曲家。自ら台本も書き、楽劇を創造。『ニーベルングの指輪』『トリスタンとイゾルデ』
＊ルイ十六世（一七五四～一七九三）

フランス国王。在位一七七四～一七九二年。ルイ十五世の孫。政治的無能からフランス革命を誘発し、妻マリー・アントワネットとともに処刑される。

＊ルソー→ジャン・ジャック・ルソー

＊ルートヴィヒ二世（一八四五～一八八六）

バイエルン王。エリザベート皇妃のいとこ。ヴァーグナーの熱烈なファンで、経済援助をする。浪費のため反感を買い、幽閉先で変死。

＊レフ・トルストイ（一八二八～一九一〇）

ロシアの文豪、思想家。『戦争と平和』『アンナ・カレーニナ』

＊ローベルト・シューマン（一八一〇～一八五六）

ドイツの作曲家。音楽評論家としても活躍。クララの夫。『子供の情景』

＊ロバート・スチーブンソン（一八五〇～一八九四）

イギリスの小説家。『宝島』『ジギル博士とハイド氏』

＊ロラン・バルト（一九一五～一九八〇）

フランスの評論家。『恋愛のディスクール』

＊ロレンス→デヴィッド・ロレンス

この作品は平成十五年十二月、清流出版より刊行された単行本
『恋に死す』を加筆・改題し文庫化したものです。

歴《れき》史《し》が語《かた》る　恋《こい》の嵐《あらし》

中《なか》野《の》京《きょう》子《こ》

平成21年 2月25日　初版発行
令和7年 6月20日　15版発行

発行者●山下直久

発行●株式会社KADOKAWA
〒102-8177　東京都千代田区富士見2-13-3
電話　0570-002-301(ナビダイヤル)

角川文庫 15572

印刷所●株式会社KADOKAWA
製本所●株式会社KADOKAWA

表紙画●和田三造

●お問い合わせ
https://www.kadokawa.co.jp/（「お問い合わせ」へお進みください）
※内容によっては、お答えできない場合があります。
※サポートは日本国内のみとさせていただきます。
※Japanese text only

ISBN978-4-04-394001-1　C0195